Como lidar com
PESSOAS DIFÍCEIS...
a começar por mim

RUTHE ROCHA POMBO

Como lidar com
PESSOAS DIFÍCEIS...
a começar por mim

EDITORA
SANTUÁRIO

COORDENAÇÃO EDITORIAL:
Elizabeth dos Santos Reis

REVISÃO:
Elizabeth dos Santos Reis

COPIDESQUE:
Leila Cristina Dinis Fernandes

DIAGRAMAÇÃO E CAPA:
Junior dos Santos

Dados Internacionais de Catalogação na Publicação (CIP)
(Câmara Brasileira do Livro, SP, Brasil)

Pombo, Ruthe Rocha
  Como lidar com pessoas difíceis: a começar por mim / Ruthe Rocha Pombo. – Aparecida, SP: Editora Santuário, 2005.

  Bibliografia.
  ISBN 85-369-0032-6

  1. Autoajuda – Técnicas 2. Comportamento (Psicologia) 3. Conflito interpessoal 4. Psicologia aplicada 5. Relações interpessoais I. Título.

05-8019   CDD-158.2

Índices para catálogo sistemático:
1. Pessoas difíceis: Relações interpessoais:
Psicologia aplicada 158.2

19ª impressão

Todos os direitos reservados à **EDITORA SANTUÁRIO** — 2025

Rua Pe. Claro Monteiro, 342 – 12570-045 – Aparecida-SP
Tel.: 12 3104-2000 – Televendas: 0800 - 016 00 04
www.editorasantuario.com.br
vendas@editorasantuario.com.br

SUMÁRIO

Como nascem os livros?..9
Prefácio..11
Agradecimentos...13
Apresentação..15

Capítulo I

Pessoa difícil, eu?..17
   1. Como devo, então, me comportar?........................19
   2. O maior e o mais fantástico evento........................19
   3. O que significa gerenciar pensamentos?...............21
   4. Quem é você?..22
   5. Exercício...24
   6. Toda mudança deve começar por mim..................25
   7. Depoimento...26
   8. Exercício...27

Capítulo II

Pessoas difíceis..29
   1. Características..29
   2. Comportamentos que geram sofrimento...............36
   3. Espinhos que ferem um grupo.................................42

4. O relacionamento difícil e a codependência 43
5. História da lagartinha 44
6. Reflexão: Autoconhecimento 46

Capítulo III

Vícios da comunicação 49
1. Exemplos de vícios de comunicação 49
2. Os problemas emocionais 52
3. Quando erramos o alvo: Cometemos pecado 53
4. Vantagem de conviver com uma pessoa difícil 57
5. Quando a pessoa difícil é a sogra ou a nora 58
6. Depoimento 60
7. Exercício: Confronto honesto 61

Capítulo IV

Virtudes a cultivar 63
1. A sinceridade enaltece o espírito 64
2. Uma dose de amor 65
3. Depoimento 66
4. Pessoa difícil: O pobre 67
5. Reflexão: Que atitudes adotar perante as pessoas difíceis 69

Capítulo V

Como tornar fáceis os relacionamentos difíceis 71
1. Há pessoas difíceis, mas elas também são bondosas 72
2. Empatia: Delicadeza da alma 73
3. Medo de autoridade? 76
4. Crises: Reações diante das pessoas difíceis 78
5. Se alguém errar, vou culpá-lo eternamente? 80

6. Quando nos sentimos impotentes para ajudar 85
7. Reflexão: O diálogo 87

Capítulo VI

Terapia da felicidade 89
  1. Arranje tempo para sorrir 90
  2. Sondagens das áreas da vida 92
  3. Planejar é preciso 97
  4. As palavras otimistas dizimam as adversidades 97
  5. Viva o momento presente: o "agora" 98
  6. Teste: O valor dos relacionamentos 102
  7. Quando pensamos que nada e ninguém têm mais jeito 104

Anexo 1

A começar por mim... (Dra. Sonia S. dos Santos) 111

Anexo 2

Como melhorar a qualidade dos relacionamentos
(Dra. Elinês Costa) 119

Bibliografia 127

COMO NASCEM OS LIVROS?

Um dia surge uma ideia, ilocável, pequena e tímida, como embrião no útero materno. Essa ideia vai crescendo, desenvolvendo, tomando forma, impondo-se, exigindo a posse de um corpo gráfico. Aí, o autor se rende e a derrama sobre o papel. Livro pronto, objeto estático, mágico, que desperta ao toque dos olhos do leitor.

O processo de nascimento deste livro foi um pouco diverso. As ideias aqui contidas tomaram formas belíssimas na voz de Ruthe Rocha Pombo, cujas mensagens têm sido levadas ao ar para centenas e centenas de pessoas.

As pessoas que já a ouviram, ao lerem estas páginas, recordar-se-ão do ritmo empregado pela autora. Para aqueles que não tiveram essa oportunidade, sugerimos que o façam e, se possível, assistam a uma palestra feita por ela, pois não só a ouvirão, mas também verão a convicção de que Ruthe Rocha Pombo vive suas mensagens.

Teresa Teixeira de Britto
Pesquisadora e licenciada em Letras

Tito Zeglin
Vereador e radialista

PREFÁCIO

Quando questionada, por algumas pessoas, sobre o motivo que me levou a escrever um livro com esta temática, fiquei um tanto perplexa; parecia uma pergunta sem resposta. Perguntei a mim mesma: Por quê? E constatei que não aconteceu em um estalo de dedos, mas foi um processo, uma cadeia de acontecimentos, uma sucessão de insights (na linguagem popular, foram caindo as fichas). Tudo isso se resume em fatos que me levaram a enxergar a realidade, nua e crua, antes tão ignorada: minha necessidade de ser amada, compreendida e respeitada, levava-me a buscar nos outros o que eu poderia encontrar em mim mesma.

Alguém pode perguntar: e agora? Como você está? Respondo que estou mais consciente, mais alerta, mais cautelosa. E, consequentemente, mais em paz. Tenho recaído muitas vezes, mas me tenho levantado mais rapidamente e acertado também.

Para lidar com pessoas difíceis, começando por mim, necessito reformular alguns conceitos, derrubar algumas barreiras e algumas crenças limitadoras. Por certo, não sou uma doutora no assunto do bom e do perfeito relacionamento, mas tenho um excelente professor, que me pede todos os dias para que eu invista na capacidade de amar. Você já conhece o preceito – "Ama a teu próximo como a ti mesmo". Quem não quer bem a si mesmo, não há de querer bem os outros. Porque é muito difícil dar a vida. A tendência do homem é fugir de tudo aquilo que custa, que exige, que dobra, que dói. A tendência maior é buscar tudo o que é fácil, agradável, prazeroso, mas para amar é necessário sacrificar-se. Portanto, para lidar com pessoas difíceis, a começar por mim, preciso de uma gigantesca disposição capaz de derrubar toda a muralha de insegurança, medo e rejeição, que me tornam uma pessoa difícil. Vivendo cada momento em sintonia com o dono da terra, não me desviando nem para a direita, nem para a esquerda, minha vida se converte em uma deliciosa aventura, que exige a consciência de meus atos, muita disciplina e muita persistência, tarefa que só findará no último dia de meu respirar. Meu desejo é que isso também aconteça com você. Como São Paulo, posso também dizer: "Que ninguém tenha a meu respeito conceito superior àquilo que vê em mim ou ouve dizer de mim" (2Cor 12,6).

Não me ame somente quando mereço,
Mas principalmente quando não mereço,
Porque é quando eu mais preciso.

Provérbio árabe

AGRADECIMENTOS

Sou muito grata pelo carinho e pela atenção de meus amigos:
Profª Dulcinéa Rodrigues;
Sérgio Barroso de Castro;
Sérgio Mendes Barroso;
Leonardo Rodrigues Alves;
Marco Antonio Rocha Pombo Teixeira, meu amado amigo e sobrinho.

Obrigada, Soraya Moreno, você carinhosamente me permitiu participar de seu lindo programa "Com Jesus tudo pode ser mudado", na Rádio Catedral, da Arquidiocese do Rio de Janeiro. Ali, tenho aprendido com você a complicada e difícil virtude da humildade e a me comunicar com mais alegria.

Um agradecimento especial às psicólogas Dra. Sonia S. dos Santos, do Rio de Janeiro, e Dra. Elinês Costa, de Belo Horizonte, que deixaram registrado neste livro seus conhecimentos, suas riquezas e experiências quanto ao tema Relacionamentos. Um agradecimento especial, ainda, à Dra. Íris Maria Andrey, que, lá do longínquo país onde reside, a encantadora Suíça, fez a revisão deste livro, com a colaboração de Cecília Tibúrcio R. Duarte. A elas, amigas queridas, toda a minha gratidão.

APRESENTAÇÃO

A Dra. Ruthe consegue tocar o coração do leitor, por meio de ensinamentos preciosos que enriquecem a arte de se relacionar bem.

Aliás, "Como lidar com pessoas difíceis, a começar por mim" reforça o valor do aprendizado contínuo e da reflexão como possibilidade de se apreender um conhecimento de si e do outro.

Estar aberto para relacionamentos é estar aberto para celebrar a vida! Nesse sentido, aprender a lidar com pessoas difíceis é uma forma de demonstrar amor, desde que não incorramos pelo caminho da infelicidade e da dor incessante.

Este livro é um convite para lidarmos com a realidade dos relacionamentos, com menos ilusões.

A autora, especialista em Oratória e Comunicação Atualizada, apresenta-nos estímulos encantadores na busca pela excelência nos relacionamentos intra e interpessoais.

É uma leitura agradável, instigante e necessária a todos os que desejam melhorar a comunicação da alma. Agregará valor à vida de cada um.

Boa leitura!

Elinês Costa

Psicóloga, escritora e palestrante. Consultora em desenvolvimento pessoal. Responsável pelo trabalho de Jornada Interior, desenvolvido em consultório, nos Estados de Minas Gerais e de São Paulo. Contato: elinescosta@uol.com.br

Todo ser humano nasceu para conviver. Ninguém vive isolado. É relacionando-nos que vamos nos machucando, mas também nos curando.
Somos pessoas humanas, bastante complexas. Somos carne e osso, falhos, impuros. Somos todos semelhantes: Erramos, sofremos, decepcionamos e somos decepcionados. Machucamos e somos machucados.
Ao vivenciarmos relacionamentos difíceis, vamos somando, diminuindo, multiplicando e dividindo experiências.

Capítulo I

PESSOA DIFÍCIL, EU?

Os estudos demonstram que possuímos uma personalidade com várias nuances de comportamento. Há momentos em que revelamos a criança dentro de nós, que se caracteriza pela espontaneidade dos sentimentos.

A criança, normalmente, afasta-se ou foge do que não gosta. A criança, quando nasce, é livre e, à medida que cresce, vai incorporando modelos que lhe são transmitidos. Em contato com familiares, ela vai perdendo a naturalidade e passa a atuar de forma adaptada.

Em algumas circunstâncias é importante perguntarmos a nós mesmos: "Estou me comportando como um adulto que avalia aspectos reais para chegar a uma conclusão lógica? Ou como uma pessoa conservadora, rígida, preconceituosa, exigente, radical, que não pensa e não reflete, mas que segue padrões incorporados de pensamentos e atitudes?"

Floriano Serra, administrador de empresas e psicólogo, oferece-nos alguns exemplos que esclarecem perfeitamente um comportamento de uma pessoa *rígida e preconceituosa, de uma pessoa adulta, que pensa com lógica, sem julgamentos, e de uma criança pura, sem maldade.* O adulto não atua em função do passado como uma pessoa rígida, exigente, radical e preconceituosa, mas avalia a realidade objetiva, o presente.

Exemplos:

Em um dia de carnaval, encontramos uma senhora de mais ou menos 70 anos cantando, dançando, pulando alegremente.

– Expressão de uma personalidade preconceituosa, rígida e radical: "Acho ridículo uma velha pulando carnaval".

– Expressão de um adulto: "Não é comum ver uma pessoa idosa tão descontraída".

– Expressão da criança espontânea: "Olha só que barato, aí vovó, alegria, alegria!"

Vemos um jovem arrasado porque levou um fora da namorada.

– Expressão de uma personalidade preconceituosa e rígida: "Homem que é homem não chora!"

– Expressão de um adulto: "É uma pena que os homens sejam condicionados a reprimir suas emoções..."

– Expressão da criança espontânea: "Quando estou gamado e levo um fora, abro um enorme berreiro mesmo!"

Todos nós falamos e agimos em todos esses estados, conforme a formação que recebemos, mas pode ocorrer a predominância de um desses três comportamentos. O comportamento do *adulto* é realmente o ideal e é importante que seja mais desenvolvido, pois a pessoa reflete antes de falar e de agir. Nos outros dois níveis a pessoa fala e age impulsivamente.

Personalidade difícil? Eu?

Sim, todas as vezes que me comporto como pessoa rígida, radical, preconceituosa, rebelde ou agressiva.

Quando falamos e agimos como uma pessoa adulta, magoamos menos os outros. O preconceito, a rigidez tornam-me uma pessoa muito difícil e resultam em distanciamento. As pessoas rígidas e radicais, rebeldes e agressivas, não são bem recebidas por ninguém.

Veja a doçura de Cristo Jesus: "Não vos chamo servos, mas amigos..."

1. Como devo, então, me comportar?

– Afastar a postura radical, rígida, preconceituosa e exigente. Mas, manter os valores, os princípios incontestáveis e coerentes.

– Comportar-me como uma pessoa adulta significa manter-me no presente, no aqui e no *agora*. Habituar-me a avaliar a realidade, sem interferência impulsiva ou compulsiva das emoções. Manter um esquema de autoavaliação. Usar o passado somente como referencial para corrigir os erros e o futuro como algo lindo, fantástico, a ser explorado e experimentado, sem medos, sem aflições.

"Não vos inquieteis com nada", disse o apóstolo Paulo em Filipenses, 4,6.

– Administrar a criança dentro de mim.

Desenvolver pensamentos e atitudes bem criativas, manter uma postura bem-humorada.

Expressões autênticas, *sem disfarces*, sem agressividades e sem rebeldias.

2. O maior e o mais fantástico evento

Ao refletir sobre o maior e o mais fantástico evento, que foi nossa chegada sobre a terra, conforme expressa Augusto Cury[1],

---
[1] Dr. Augusto Cury é psiquiatra, psicoterapeuta, cientista e escritor e tem livros publicados em 40 países.

torna-se mais fácil e mais encorajador olharmos para dentro de nós mesmos.

"Um dia você foi qualificado para entrar na maior corrida de todos os tempos. Eram milhões de concorrentes. Você era um deles. Você tinha tudo para fazer parte da multidão de fracassados na corrida da vida. Eram milhões de espermatozoides com a missão de fecundar apenas um óvulo. Seu programa genético determinou que seria você o escolhido, você o vencedor, a vitória foi sua! Você venceu a maior corrida já existente, e não foi para se transformar em um ser derrotado, que se encontra nesta terra, mas para vencer todas as outras batalhas que se fizerem necessárias. Na luta pela vida, foi você que conseguiu chegar ao alvo. Muitos não participariam de um concurso com milhões de concorrentes, por medo de serem derrotados. Sabe o que você pensava naquele momento em que realizava a corrida da vida? Nada. Você nem pensava, talvez se pensasse tivesse desistido. 'Alguém' pensou por você, 'Alguém' lhe deu essa oportunidade e você foi grato a esse 'Alguém'. Como? Correndo, nadando, movendo-se, lutando pelo direito de viver. Não olhou para trás, não estacionou, não reclamou dos obstáculos. Talvez hoje você pode até ter-se tornado um especialista em reclamar, mas naquele momento você se tornava um especialista em viver!"

Tomando consciência desta misteriosa escolha: valorizar a vida, as dores e as alegrias nos torna mais adaptáveis a esse mundo. Para conviver com equilíbrio e tornar mais fáceis nossos relacionamentos, sugere-nos Augusto Cury, faz-se necessário aprender a gerenciar os próprios pensamentos.

3. O que significa gerenciar pensamentos?

Algumas pessoas viajam tanto no mundo dos pensamentos que não conseguem concentrar-se em nada. Só será possível administrar nossas emoções depois que aprendermos a gerenciar nossos pensamentos. Então, poderemos realizar mudanças substanciais em nossa personalidade. Para gerenciar pensamentos, precisamos de técnicas de treinamento. Por exemplo, momentos de meditação, a fim de assumir com honestidade nossas fragilidades, limitações e conflitos, e enfrentá-los com ousadia, retirando toda a negatividade do trono da mente e colocando o amor, a fé e a esperança. Não concordar com os pensamentos que nos amedrontam, que nos entristecem ou deprimem. Cada pensamento de derrota e medo deve ser enfrentado com o ousado poder da fé. Agindo com fé, vamos surpreender-nos com a força escondida atrás de nossa fragilidade. Deus nos criou para sermos agentes de nossa história e não vítimas de nossas misérias.

Certo dia, uma amiga me magoou e fiquei profundamente triste e revoltada. Já havia chegado a madrugada e eu pensava e sofria com a injustiça da qual havia sido vítima. Quando me lembrei de que meus pensamentos trabalhavam contra mim e me escravizavam, imediatamente comecei a lutar contra a emoção destrutiva. Comecei a analisar o fato sob outra ótica. Refleti sobre todas as coisas agradáveis que minha amiga me havia feito, pensei em seu caráter bondoso e justo e decidi retirar toda a acusação contra ela. Compreendi que suas palavras não vieram de um espírito de ódio, que não houve intenção de me ferir, mas vieram de um momento irrefletido, sem maldade alguma. O resultado foi maravilhoso. A sensação de tristeza e mágoa foi congelando. Comecei a abençoar minha amiga e pedir a Deus por sua felicidade e paz. Senti-me vitoriosa e acreditei que o bem sempre vence o mal. Dormi tranquila. "Fazei o bem a quem vos maltrata" é a regra de ouro do Mestre dos Mestres, e funciona!

Obrigada, Cury, pela dica. Obrigada também por me permitir registrar neste livro suas sugestões tão brilhantes!

Se você deseja relacionar-se bem, precisa autoconhecer-se.

4. Quem é você?

Quem é esse ser tão especial que foi convidado a habitar a face da terra?

Um gigante dos esportes mundiais, um ser humano fantástico, repetia: "Quero melhorar sempre. Em tudo". Ayrton Senna.

Platão, o filósofo, via o homem como um ser complexo, dotado de necessidades. Nietzsche entendia o ser humano como um animal que não deu certo. Descartes afirmava que o homem é uma máquina simplesmente. O grande Santo Agostinho confirma as palavras do Livro Sagrado: "O homem foi criado à imagem e à semelhança de Deus". Eu lhe pergunto: quem é você? Porque o importante não é o que os pensadores falam sobre o homem, o importante é como você se vê, o que pensa, fala e faz de si mesmo.

Há um ditado antigo que diz: "Dize-me com quem andas e eu te direi quem és", mas eu aprendi diferente: "Dize-me com quem andas e eu te direi para onde vais".

Para onde você vai? Para onde você está caminhando? Qual é sua missão? Em que deseja contribuir para este planeta? Como pretende deixá-lo?

Capítulo I – Pessoa difícil, eu?

O que você pretende realizar? Tudo é possível àquele que adquiriu uma grande fé na vida... "Fé é a certeza do que se espera, é a convicção daquilo que não se vê" (Hb 11,1).

Meu amigo Lauro fala de sua experiência quando em contato com coisas grandiosas realizadas por nós homens. Ele diz: "Quando visitei as Cataratas do Rio Iguaçu, na fronteira entre o Brasil e o Paraguai, fiquei extasiado com a grandiosidade da cena que se descortinava a meus olhos. Muitas pessoas estavam lá, tomando sorvete, mas não me cansava de imaginar a força irresistível daquela montanha de água que sobrepujava qualquer obstáculo. Mas, por incrível que pareça, o ser humano, com uma luz em sua mente, conseguiu dominar essas forças furiosas e arrasadoras, transformando-as em eletricidade pacífica, para mover controladamente cidades e campos". Continua ele: "No outro dia, viajei em um imenso avião, de cem toneladas, que parecia um edifício de quatro andares. Que força estupenda era aquela capaz de levantar do solo esse casarão pesado, carregado, e fazê-lo voar a dez mil metros de altura? Quem o dirigiu, quem o iluminou, quem lhe deu condições de tão magnífica proeza?"

Surgiu neste planeta um homem que conhecia o poder e sabia usá-lo como ninguém. Por um simples ato de sua palavra, acalmava tempestades, serenava águas revoltas, multiplicava pães e peixes, curava instantaneamente paralíticos, cegos, coxos, aleijados, doentes, desenganados, restituía a vida aos mortos. Foi capaz de ressurgir três dias após sua morte. E disse uma coisa realmente assombrosa: "Se você acreditar em mim, você fará coisas ainda maiores!"

Dizem que todo o homem sabe que morrerá um dia, mas poucos aprendem a viver. Com que urgência precisamos tomar as rédeas de nossas vidas, para assumir seu verdadeiro sentido e realizar coisas grandiosas para honrar nosso rei, o rei dos reis, senhor dos senhores, criador e benfeitor de toda a imensidão da terra!

> *Palavras cruéis e comentários negativos podem ferir, destruir e mutilar a psique.*
>
> Lilian Glass

Para conhecer e aprender a lidar com pessoas difíceis, a começar por mim, preciso reconhecer-me como pessoa difícil em algumas áreas de minha vida ou em algumas circunstâncias.

5. Exercício

– Quem comanda minha vida? Eu ou o mundo que me rodeia? Administro minha história ou deixo as águas rolarem?

– Quem é meu líder, meu ídolo? Diante de quem dobro meus joelhos?

– De que lado me encontro, do lado da vida ou do lado da tecnologia, onde impera a televisão na sala, a TV a cabo no quarto, o rádio no automóvel, o *walkman* durante o *cooper*, a Internet e seus e-mails pelas madrugadas?

– De que necessito para me tornar uma pessoa compreensiva, amável e de fácil relacionamento?

– Que pretendo fazer para honrar a Deus, aqui, na terra dos vivos?

_____ Capítulo I – Pessoa difícil, eu?

– Que mudanças devem ocorrer para que eu melhore de vida?

> "Acabou-se o diálogo entre as famílias, entre os pais, os filhos, os irmãos, os amigos? 'Não!', responde Roque Schneider, 'ele está escondido atrás da televisão'".

6. Toda mudança deve começar por mim

Nós somos peritos em criar ilusões a respeito das pessoas que vivem a nosso lado. Esperamos que, um dia, tornem-se como imaginávamos, bondosas, gentis, amorosas. Estamos sempre esperando que mudem e assim nos farão felizes.

Nosso maior defeito é pensar que os outros deveriam adaptar-se a nossas necessidades, a nossos caprichos. Entretanto, as coisas não funcionam bem assim. A melhor política para mudar os outros é começarmos por nós mesmos, por nossas reações diante do comportamento dos outros. Precisamos lembrar-nos de que o ser humano é único em sua essência. "Cada um tem sua própria história que, muitas e muitas vezes, choca-se com a história de nossa própria vida." E entendendo esse mistério, entendemos também que a mudança deve sempre começar por mim.

Um depoimento de uma jovem vem reforçar este pensamento.

7. Depoimento

Eu odiava meu pai...

Meu nome é Teresa Cristina, tenho 20 anos. Eu odiava meu pai, mas sabia lidar com ele, ou pensava que sabia. Podia me sair muito bem com os constantes desafios e insultos, tratava-o como inimigo derrotado, em vez de olhar para ele como um homem sofrido e cansado. Pensava: com que direito ele me diz o que devo fazer, quando praticamente minha mãe sozinha havia criado a mim e a meus irmãos? Havia um vulcão dentro de mim, sempre pronto a explodir!

Em uma noite, tive uma briga horrível com meus pais. Procurei um sacerdote. Ele me ajudou a perceber que, naquela noite, eu havia chegado ao extremo, e foi nesse momento que percebi que era incapaz de mudar aquela situação. Estava ficando doente, brigando diariamente, dizendo e ouvindo desaforos.

De repente fiz a grande descoberta, ou a redescoberta de que meu pai era meu pai e não um ser humano qualquer, mas escolhido por Deus para me dar a vida. Quando comecei um processo de aceitação da difícil situação entre nós, decidi que o amaria como ele era, e não como desejaria que ele fosse, e que ele merecia todo o meu respeito, deletei de meu coração todos os meus ressentimentos. Descobri o quanto nossos pais são importantes, mesmo quando não são perfeitos. Comecei a olhar meu pai de uma outra forma e entendi que, apesar de tudo o que ele passou na vida, é um homem honesto, compreensivo, mas também inseguro e muito carente.

O que me ajudou nessa transformação foi quando eu o entreguei nas mãos de Deus, verdadeiramente.

Admiti que sou incapaz de mudar quem quer que seja. A solução é deixar que Deus cuide dele, não me compete mudá-lo.

O que Deus me pede é que o ame de forma incondicional. Mesmo quando ele se mostra agressivo ou amoroso, injusto ou até mentiroso. Gostamos um do outro, de fato nos amamos. Antes odiava as pessoas, hoje posso constatar o quanto é bom amar e ser amada!

8. Exercício

Perguntas para partilhar em grupo:
– Que tipo de pessoas e de locais lhe causam medo, constrangimento, agressividade, raiva?
– Existe alguém que você julga responsável pela não realização de seus sonhos?
– Você já pensou nos magníficos recursos que Deus coloca a nossa disposição, constantemente, para conseguirmos perdoar quem nos ofendeu?
– Sente, com frequência, que aqueles que o rodeiam não o entendem?
– Precisa explicar-se muitas vezes para que alguém o compreenda?
– Encontra-se, às vezes, em meio a uma discussão e não vê saída?

> *A palavra é como uma flecha lançada ao ar; antes de lançá-la, é necessário verificar se não está envenenada.*
>
> *Adágio antigo*

Capítulo II
PESSOAS DIFÍCEIS

1. Características

Segundo Jean La France, "o homem vive na superfície de si mesmo ou se oferece ao mundo em espetáculo para evitar o confronto com sua condição real. Cedo ou tarde, sob o choque da provação, ele se perguntará: 'Quem sou eu? Qual o sentido de minha vida? Sou livre para dar um sentido a minha existência?' Quando o homem tenta responder com honestidade a essas perguntas, não pode evitar o chamado a uma transformação. Ele, primeiro, tem de reconhecer que seu 'eu' exterior, e de todos os dias, nem sempre é seu verdadeiro 'eu', o qual está coberto com roupagens protetoras para se resguardar dos ataques iminentes. Para encontrar-se, é necessário mergulhar em uma consciência aguda e profunda, para redescobrir a pérola de sua identidade. Exigem-se um esforço silencioso e uma concentração permanente, a fim de penetrar em si mesmo e de reencontrar o próprio ser".

Quando falamos em pessoas difíceis, ficamos imaginando como detectá-las?

Dra. Pryscila Ropk, psicóloga, (www.sumaeconomica.com.br), classifica em quatro as características das pessoas difíceis:

– Agressividade:
É sempre um comportamento de defesa.
A pessoa tem uma história de fracassos e rejeições e, por esse motivo, vê o outro como uma constante ameaça, pronto a invadir sua privacidade.

– Indisciplina:
Falta de método. Há pessoas indisciplinadas, mas que não são difíceis de conviver. As pessoas indisciplinadas, rebeldes, contestadoras, é que se tornam pessoas de difícil convivência.

– Egocentrismo:
É a pessoa que tem um "amor", entre aspas, exagerado por si mesmo, não se importando com o bem dos outros. Para essas pessoas, é necessário deixar claro que todos têm o mesmo direito de atenção e de respeito. A pessoa egoísta torna cada vez mais desagradável sua presença no meio em que vive. Se não nos despojarmos, se não nos desapropriarmos, não poderemos servir a ninguém, pelo contrário, trairemos os outros sutil e camufladamente. Em vez de amar e servir ao próximo, vamos nos servir de tudo e de todos.

– Falta de espírito participativo:
Pessoas que criam dificuldades quanto ao trabalho em equipe.
São pessoas que rejeitam trabalhar em equipe ou, se trabalham, estão sempre competindo, dominando ou se sentindo inferiorizadas. Essa dificuldade nasceu dentro do ambiente familiar. Aí é que surgiu o espírito manipulador, competitivo. Esses mesmos defeitos de caráter serão projetados nos diversos

ambientes onde o ser humano terá de conviver. O cuidado com essas pessoas é não marginalizá-las, mas fazê-las compreender sua importância para o trabalho de equipe e o quanto elas podem contribuir.

Com essas quatro características, podemos descrever uma infinidade de pessoas problemáticas.
Selecionamos algumas resultantes de experiência de nossos relacionamentos.

– Fiscalizadora:
É a pessoa que vive constantemente fiscalizando os outros, para poder denunciar aos parentes, chefes, diretores, amigos. É um comportamento muito doentio.

> *Começando por mim...*
> Como chuva refrescante, ó Deus, derrama teu Espírito sobre minha cabeça e meu coração sequioso, a fim de que me torne uma pessoa digna de ti, capaz de amar e de só fazer o que é bom e reto. Pois sei que serei severamente julgada, se fiscalizar o cisco no olho de meus irmãos e não perceber a trave que está em meus olhos.

– Simuladora:
É a prima-irmã da falsidade. O maior perigo das pessoas que usam de simulação é acabar com o espírito de confiança mútua.

> *Começando por mim...*
> Quando usei de simulação, não pensei que essa ati-

tude seria encorajada ou recompensada por alguém, mas constatei que a colheita dessa semeadura é a humilhação e o sofrimento. Perdão, Deus! Ajuda-me a ser mais consciente de mim mesma, ajuda-me a derrubar minhas máscaras e a olhar o outro com transparência, pureza e integridade.

– Maliciosa:

A pessoa maliciosa vê o mal em tudo e em todos. É astuciosa, satírica e irônica.

Começando por mim...
A malícia ou a ironia tornam-me uma pessoa insensata e desprezível. Senhor, que eu trabalhe febrilmente para que meu coração se fortifique e minha mente seja revigorada por teu Santo Espírito, a fim de que a malícia não habite meu coração, tornando-o gélido e escuro.

– Fofoqueira:

É a pessoa que, com um prazer insano, procura macular a imagem de alguém. A pessoa fofoqueira causa prejuízos incalculáveis.

Começando por mim...
Se o veneno da "fofoca" fez parte de meus diálogos, se causei tamanho dano a alguém, que eu assuma as consequências de meus erros. Mas, vem em meu socorro, Deus, e perdoa-me! Transforma meus lábios em instrumento de bênção e não de maldição.

– Mentirosa:

É a pessoa com a qual ninguém quer muita conversa, porque já perdeu grande parte de sua credibilidade.

Começando por mim...
Todas as vezes que menti, senti-me profundamente triste. Revelei medo e insegurança. Meu Deus, ajuda-me a repudiar qualquer tipo de mentira ou mentirinha. Que eu esteja atenta, a fim de não cair em armadilhas dessa natureza.

– Agressiva:

É a pessoa que convive, razoavelmente, com muita gente e tem até um relacionamento bom, mas possui um gênio tão forte que consegue deixar todo o mundo apavorado com a possibilidade de uma explosão.

Começando por mim...
Preciso sempre lembrar que a agressividade não funciona nas relações pessoais. E que as explosões de ira só me causam dor.
Disse Jesus: "Bem-aventurados os pacificadores porque dominarão a terra" (Mt 5,9).

– Acusadora:

É uma pessoa que apresenta perigo, tanto como as anteriores. O espírito de acusação sempre joga a culpa em pessoas inocentes, comprometendo a reputação delas, com o principal objetivo de que a acusada seja surpreendida.

Começando por mim...
Que vergonha para mim se acusar alguém. Quando forem confrontados os fatos, estarei perdida! Se acusar o outro de alguma falta, falha ou pecado, é porque a cegueira tomou conta de mim, as trevas escuras da malignidade me envolveram e não enxergo um palmo diante de meu nariz.
Ó Pai, livra-me deste comportamento tão mesquinho e tão inconsciente. Pois as mesmas acusações que faço contra o outro certamente as mereço também...

– Mal-humorada:

Há pessoas enfermas, cujo mau humor é resultado de sofrimento e enfermidade. Não falamos desse tipo de mau humor, mas sim das pessoas que ainda não perceberam a necessidade de uma postura mais simpática, mais alegre, mais acolhedora. A indiferença e o desprezo pelos outros são atitudes amargas.

Começando por mim...
Descobri que a falta do bom humor descompensa o organismo. Todos gostam de conviver com pessoas bem-humoradas. Devo parar de me apresentar como uma pessoa desmancha-prazeres. Devo evitar, principalmente, durante as refeições em família, fazer cobranças e repreensões. Devo lembrar que não é o momento de divulgar noticiários macabros e sangrentos da televisão. O alimento deve ser digerido com suavidade dentro de meu organismo, principalmente porque a mesa é o lugar mais sagrado de confraternização humana.

Deus querido, tu que és a fonte de toda a alegria, derrama sobre mim os dons de teu Espírito, para que o bom humor sempre faça parte de meus diálogos, de meus relacionamentos. Se eu for uma pessoa bem-humorada, minha saúde agradecerá e as pessoas que convivem comigo se sentirão felizes com minha companhia (cf. Filipenses 4,1).

– Orgulhosa:

Dra. Sonia S. dos Santos diz que: "O escudo protetor do orgulhoso é pensar que não vai falhar. Quando ele cometer falhas, é inerente ao ser humano. Todo o ser humano comete erros, enganos, e decepcionam. Quando estamos cheios de saúde e tudo está bem, usamos e abusamos da vaidade. Estamos sempre muito ativos, procurando nossos direitos, culpando todo o mundo. Mas há circunstâncias que nos colocam frente a frente com nossa impotência. A doença, por exemplo, ou qualquer outra situação dolorosa".

Nestes momentos todo o nosso "orgulho" rola escada abaixo.

A começar por mim...
Se eu não tiver a ti, meu Deus, como centro de minha vida, o orgulho me dominará. Continuarei andando em círculo, sempre no mesmo lugar. Pedinte de mão em mão. Ajuda-me a parar com essa roda-viva, a fim de que eu te escute, nas entrelinhas, o que tu queres me mostrar.

Administrar defeitos que gostaríamos de esconder. Buscar bem lá no fundo fraquezas que não queremos reconhecer, nem para a própria sombra. Esmiuçar a alma, no que tem de melhor e de pior. Não é fácil! Todos nós sabemos o quanto é difícil, diz Márcia Néder. Mas todo o homem também sabe que tem de passar por essa experiência se quiser crescer, se quiser ser uma pessoa melhor. Para isso, precisamos da ajuda de Deus para iluminar os cantos escuros de nossa personalidade, para ter coragem de tomar decisões, para reagir às frustrações, para vencer a instabilidade, a agressividade, e não sucumbir à tentadora autopiedade e deixar-se iludir com soluções mágicas. É preciso parar definitivamente de achar que os outros são melhores ou piores que você.

Para conviver bem é necessário lutar sem reservas, para adquirir uma razoável maturidade emocional.

O processo de maturidade se caracteriza pela aceitação das emoções e pela capacidade de mantê-las sob razoável controle. As pessoas mais conscientes nesse aspecto podem conviver com situações difíceis, sem se desestruturar. Preferem conversar sobre os ressentimentos, *desabafar*, em vez de ficarem amuadas; podem aceitar críticas sem se sentirem profundamente magoadas; podem enfrentar as situações *sem fugir delas*; tanto a pessoa radical que quer mudar tudo como a pessoa que não quer modificar nada são, emocionalmente, imaturas. Por se sentirem muito feridas, necessitam da ajuda daqueles que já superaram esses problemas e estão vivendo com menos conflitos.

2. Comportamentos que geram sofrimento

Se você está sofrendo, não fique chorando sozinho. Mexa-se, busque ajuda!

Quando nos ofendem e nos sentimos profundamente magoados, é possível que em algum ponto também estejamos errados.

É necessário fazer dia a dia o *feedback* de nossos relacionamentos para detectar nossos erros, os quais geram ressentimentos. O ressentimento é algo tão nocivo que vai envenenando nosso coração, na mesma medida em que envenenamos os outros.

Precisamos estar conscientes de que sozinhos dificilmente crescemos, precisamos participar de grupos de partilha, nos quais, além de encontrar o amor de que tanto necessitamos, conseguimos haurir força e esperança para uma melhor qualidade de vida. Se você está sofrendo, não fique sozinho. Mexa-se, busque ajuda.

Quando já vivemos determinada fé e já estamos engajados em determinado grupo, tudo vai ficando mais tranquilo e encontramos a força para lutar e vencer.

Saber reconhecer os comportamentos difíceis, descobrir suas causas e ajudar as pessoas, injetando nelas uma dose de bondade e compreensão, é essencial nos relacionamentos.

Quando melhoramos nosso temperamento é que podemos lidar melhor com as pessoas que nos ferem.

Há pessoas que têm o dom de provocar aborrecimentos por onde passam.

Conseguir harmonizar-se com pessoas de difícil temperamento é decisivo para sobreviver neste mundo. Exige, muitas vezes, que até nos humilhemos, para que o relacionamento não se dobre, não se quebre.

Quando nos empenhamos para compreender os outros, vamos nos entendendo melhor, e isso vale qualquer esforço.

> *Cuida para que tuas palavras não sejam piores que teu silêncio.*

Precisamos lembrar que, por trás de um comportamento difícil, podem existir pureza de intenções, sentimentos de justiça, porém, distorcidos, confusos, e que necessitam de discernimento.

É possível que essa pessoa, que é tão difícil para você, seja difícil, principalmente, para si mesma; portanto, não devemos considerar seus ataques como algo pessoal. É necessário compreender que não podemos mudar ninguém, mas podemos influenciar as pessoas apenas com nosso bom exemplo, nada mais.

Há situações na vida que nos perturbam tanto, que acabam tornando-nos pessoas difíceis para os outros. Uma crise financeira, uma enfermidade incurável, uma injustiça sofrida, um dia de grande temporal, quando havíamos planejado realizar tanta coisa, um trânsito difícil e estressante, a perda de um emprego, um conflito com subalternos, ou conflitos com os superiores, enfim, são tantas as coisas que exercem pressão, que abalam nosso emocional, de tal forma que são suficientes para nos arrasar e nos fazer perder completamente o controle. Mas a solução existe. Se ficamos tão abalados com problemas do dia a dia, é porque estamos negligenciando o alimento que devemos ingerir para fortalecer o espírito. No torvelinho da vida material, o corpo se afadiga e somente o repouso do sono não é suficiente para aliviá-lo. Precisamos serenar nosso espírito para gerar vitalidade. O poder do alto é que comunica ao ser humano a graça e a força para suportar os reveses de cada dia. "Não temais! Não temais!"

Capítulo II – Pessoas difíceis

Não é esse o mandamento de ouro? Precisamos com urgência reservar as primeiras horas de nossas manhãs e empregá-las na comunhão com Deus. "É esse sagrado momento, solene e glorioso, que concede dinamismo às células da vida e cria a capacidade de vencer todas as exigências do inesperado", recomenda Francis Roberts. Nenhum caminho se torna áspero demais, nenhum lugar solitário demais, nenhuma luta pesada demais, em sua companhia. Deus luta conosco e por nós. Com Ele não precisamos confiar em nossa própria suficiência humana, nem na sabedoria do mundo, mas caminharemos seguros pelas veredas da justiça e pelos prados verdejantes, suavemente indicados pelo carinhoso braço do Bom Pastor. Com Ele, apesar de todas as mazelas humanas, não perderemos o rumo e ainda sentiremos o consolo e a segurança de que não caminharemos sozinhos. Eis o segredo para nos tornarmos pessoas mais acessíveis, auxiliando aqueles que encontramos no caminho.

A. C. Rodrigues diz que as pessoas difíceis necessitam de cuidado e de atenção redobrada e especial. Precisamos estar bem para agir com elas de forma sensata e misericordiosa.

Só os valentes conseguirão transpor as barreiras dos relacionamentos doloridos. A porta do amor "que não espera recompensa" é estreita e difícil. A estrada do comodismo, das ilusões e das mentiras é larga e fácil, nada custa, é prazerosa. Mas o retorno é o medo, a vergonha, as lágrimas e a humilhação. Se queremos um mundo amigo, precisamos de muita valentia, precisamos levantar o escudo da fé e batalhar sem cessar. Revestir-nos de coragem e disposição para subir, subir até suar sangue, se preciso for, e chegar até o alto da montanha. Somente com Deus isso é possível.

"Se com Ele eu contar e em cada dia buscar sua direção, Ele me cingirá de coragem, aplainará meus caminhos, tornará meus pés velozes como os das gazelas e me instalará nas alturas, afugentando de minha presença todos os inimigos que me cercam" (Francis Roberts).

Há problemas de relacionamento muito sérios que causam grande desgaste emocional, que danificam e até destroem a saúde. Para esses casos especiais, graças a Deus, existem programas maravilhosos que devolvem a serenidade e o amor à vida.

Com alegria, deixamos registrados aqui alguns endereços de grupos de alto nível de credibilidade (tanto para jovens, como para adultos e até para crianças):

– APASE – Associação de pais e mães separados (www.apase.org.br).
– FEBRAE – Amor exigente. Auxilia os pais quanto à educação dos filhos (www.amorexigente.org./index-febrae.htm).
– VIVA SEM DOR – Grupos especiais para pacientes, familiares e profissionais da saúde (www.vivasemdor.com.br).
– Detenção do jogo compulsivo – Igreja da Santíssima Trindade – Rua Senador Vergueiro, 141, Rio de Janeiro. Observação: Em outros Estados, encontramos também os mesmos grupos de mútua ajuda.
– Grupos familiares Al-Anon do Brasil – Para familiares com dependência de álcool. Grupos para crianças, jovens e adultos. Endereço: Caixa postal 2034 – Cep 01060-970 – São Paulo – Telefax: (11) 3331-8799 (www.al-anon.org.br).
– MADA – Mulheres que amam demais. Grupo de apoio baseado no livro: "Mulheres que amam demais", de Robin Norwood.

Capítulo II – Pessoas difíceis

Robin Norwood diz:

> Quando amar significa sofrer, estamos amando exageradamente. Quando grande parte de nossa conversa com pessoas íntimas é sobre "ele", seus problemas, seus pensamentos, os sentimentos dele, estamos amando exageradamente. Quando desculpamos sua melancolia, seu mau humor, sua indiferença ou desprezo, e quando tentamos nos tornar sua terapeuta, estamos amando exageradamente. Quando não gostamos de muitas de suas características, de seus valores e comportamentos básicos, mas toleramos pacientemente, achando que, se ao menos formos atraentes e amáveis o bastante, ele irá modificar-se, estamos amando exageradamente...

Sugerimos: Se você está sofrendo, não fique chorando sozinho, busque ajuda...

Mais uma vez, insistimos que as pessoas busquem os trabalhos de grupo, os quais são amplamente utilizados, pois neles ocorre identificação entre as pessoas com problemas semelhantes. E é sempre muito confortante saber que não estamos sozinhos nesta jornada, que há outras pessoas em situações idênticas, que sentem e sofrem as mesmas agruras, e o mais importante é que existem diferentes formas de entendimento, programas e uma infinidade de soluções para vencer essas dificuldades. Somos profundamente gratos a Deus por tudo isso!

Quando se fala em grupos de tratamento, existem os grupos clínicos, os grupos informais anônimos, os grupos dentro das pastorais, que visam facilitar aos participantes maior compreensão de si mesmos, aceitação de seus limites, além do estímulo à redescoberta da motivação e da esperança em suas vidas. A negligência quanto à participação nesses grupos de ajuda é que leva o indivíduo a cair em depressão. *Se você está sofrendo, não fique chorando sozinho. Mexa-se. Busque ajuda!*

3. Espinhos que ferem um grupo

Falamos anteriormente de grupos especiais, cuja programação recebe do público em geral uma credibilidade comprovada há quase cem anos. Mas há os grupos convencionais, sociais, oficiais ou naturais, que por falta de ordem, organização e disciplina não funcionam bem. Precisamos de muita coragem para arrancar os espinhos que dilaceram a unidade grupal. Na família, no trabalho, na igreja, no clube, na escola etc.

São três os espinhos que dilaceram a unidade grupal:

– Dominação

Manipulação do outro. Qualquer tipo de dominação é crime. É desrespeito à dignidade e à liberdade do outro.

A dominação, segundo Simone Pacot, consiste no fato de tomar-se o poder sobre a outra pessoa, confiscando-lhe a liberdade, impondo-lhe sua própria maneira de viver e pensar. Aquele que se deixa aprisionar não possui mais vontade própria. Há o autoritarismo de um lado e o esmagamento do outro.

– Competição

A competição entre pessoas com as quais nos relacionamos pode apresentar-se de várias formas: em relação à cultura, aos valores éticos, religiosos, econômicos, inveja, ciúme, saúde, beleza física e outros atributos.

– Submissão infantil e imatura

Deixar-se escravizar, por medo de desagradar ou de perder o afeto ou a confiança de alguém.

Se estivermos cheios de nós mesmos, de interesses pessoais, nossos interesses se chocarão com os interesses dos outros e a fraternidade dentro de um grupo cairá aos pedaços.

Alguém já disse: "As rivalidades, as invejas, as intrigas, os sectarismos, as acusações dilaceram a túnica da unidade grupal".

Que consolo indizível ter a nosso lado pessoas dignas de confiança, não precisar pesar nem pensamentos, nem palavras. Conhecer o espantoso conforto que consiste em conviver ao lado de irmãos que nos aceitam plenamente.

4. O relacionamento difícil e a codependência

Codependente é uma pessoa que deixa o comportamento de outra afetá-la, além de ela ser obcecada em controlar o comportamento dessa pessoa. Pode ser criança, adulto, cônjuge, irmão, amigo, namorado.

Exemplo: Uma mãe está sofrendo com um filho alcoólico. Ela se torna obcecada em controlá-lo, na ilusão de que pode resolver o problema. Não vive sua vida e não o deixa viver. Ambos permanecem emocionalmente doentes. Pare de se iludir! Busque ajuda.

Desde que as pessoas existem, elas têm tentado fazer todas as coisas peculiares que chamamos de codependência. Têm se preocupado à exaustão com outras pessoas. Têm tentado ajudar de formas que não ajudam. Têm tentado que outras pessoas façam coisas a sua maneira. Têm feito de tudo para evitar ferir os outros, não percebendo o quanto têm ferido a si mesmas. Têm acreditado em mentiras e, depois, têm se sentido traídas.

É natural proteger e ajudar as pessoas que nos são caras; e, entretanto, quando o problema se torna mais sério e insolúvel, ficamos ainda mais afetados e reagimos mais intensamente a ele. Os codependentes reagem aos problemas, às dores, à vida e ao comportamento do outro. É normal reagir à tensão. É heroico aprender a não reagir e a agir de forma saudável, mas a maioria de nós precisa de ajuda para aprender a fazer isso.

Outro exemplo: uma mulher casada com um homem viciado em jogo, em bebida ou em outro vício qualquer, sozinha se sente muito enfraquecida e precisa buscar outras pessoas, a fim de aliviar suas tensões, seu medo e desespero. Precisamos trabalhar constantemente, a fim de adquirir autoconhecimento, coragem para enfrentar as realidades da vida, e descobrir que nascemos para ser felizes, para viver em paz e de forma íntegra.

5. História da lagartinha

A história que segue nos dá algumas dicas.

> Havia uma lagartinha, que tinha muito medo de sair por aí e morrer pisoteada pelos homens.

Capítulo II – Pessoas difíceis

Por isso, foi fechando-se, fechando-se. As plantas também a rejeitavam, achando que ela queria comer suas folhas. Mal sabiam que essa lagartinha que rastejava, pedindo ajuda, poderia ser aquela borboleta que viria ajudar a polinizar as flores dessas mesmas plantas.

A lagartinha só chorava em sua tristeza, até que a coruja, aquela ave que só consegue enxergar à noite, quando tudo estava escuro, disse:

– Pare de chorar! Faça alguma coisa! Aí dentro de você mora uma linda borboleta, deixe-a sair. Ela poderá voar, será aceita pelos homens e pelas plantas, verá lá de cima o que você vê de baixo, mudará de jardim e tudo o mais.

A lagartinha, timidamente e ainda chorando, pediu ajuda. Como poderia tornar-se uma borboleta? A coruja, sábia amiga, disse-lhe que era necessário passar por uma metamorfose, que precisava fechar-se em um casulo para empreender esforços, que viriam as dores, mas só as necessárias para fazer as mudanças. Porém, apenas era realmente necessário conservar a fé e a coragem para se tornar aquela criatura livre, bem-aceita, que voa leve e alto por onde desejasse. Era necessário que ela pensasse com alegria e convicção de que já era uma borboleta e tudo iria mudando, até mais rápido do que ela imaginava, e finalmente sairia do casulo como uma linda borboleta.

Nós, pessoas difíceis, somos como uma lagartinha ou como uma ostra. Possuímos a beleza e a preciosidade da pérola, mas enterrada, escondida, longe da luz do sol. Escutemos o conselho da coruja, vamos sair de nós mesmos e descobrir uma nova e encantadora realidade existencial.

6. Reflexão: Autoconhecimento

– Em nossos conflitos com alguém é chocante descobrir que também magoamos os outros.

– As expectativas das outras pessoas não são de minha responsabilidade, a menos que eu tenha ajudado a criar a situação.

– Independente de eu aceitar ou discordar do ponto de vista de alguém, posso tratar essa pessoa com delicadeza e respeito. Posso dizer "não" da mesma forma gentil e afetuosa como quando digo "sim".

– A palavra chinesa para definir "crise" é escrita com dois traços de pincel: o primeiro traço significa *perigo*, o segundo traço *oportunidade*. Procurarei sempre a oportunidade escondida dentro de qualquer crise que se manifestar inesperadamente.

– Como tenho me comportado dentro de um grupo?

– Parece que muitos de nós lidamos com a agressividade de maneira inadequada: ou a engolimos ou explodimos em fúria, colocando os sentimentos todos para fora e causando grande mal-estar. Como devo agir?

– Quando estiver com raiva, vou contar até dez, antes de falar. Se permanecer a ira, contarei até cem pausadamente e com o pensamento em Deus.

– Se você acha que o mar é azul e eu acho que é verde, não tenho de passar o dia inteiro tentando convencê-lo. Não tenho de invalidar os pontos de vista dos outros e de ninguém, para reforçar os meus.

– Dizer uma palavra amável, escrever um bilhete atencioso ou apenas precisar a qualidade de outro ser humano enriquecem meu dia. O poder de me sentir bem comigo mesmo independe do que as pessoas pensem a meu respeito ou que confirmem meu valor.

– Aprendi que sou digno de ser amado, independente do que pensam meus pais, meus irmãos ou qualquer outra pessoa. A única coisa de que necessito é "de respeito próprio e de uma fé absoluta no Deus que cuida de mim".

Capítulo III
VÍCIOS DA COMUNICAÇÃO

Vício é um mau hábito ou um costume condenável. Vício da comunicação é o modo de falar ou de agir que estabelece uma barreira, que impede uma comunicação saudável.

Existem pessoas aprisionadas por vícios de toda a espécie: vício da preguiça, do orgulho, da indisciplina, do falar muito, da bebida, do mentir, do fumar, do gastar, da agressividade...

1. Exemplos de vícios de comunicação

Palavras viciosas

São muitos os vícios que manipulam o caráter de algumas pessoas e, se as pessoas tomassem consciência, ou se pudéssemos avaliar os efeitos terríveis das palavras que não são "bem ditas", das atitudes destrutivas, certamente, haveria neste nosso mundo muito mais pacificadores e menos pessoas magoadas, machucadas, feridas, infelizes.

Exemplo: A mãe que repete frases dessa natureza:
– Vá pro inferno! Você não presta para nada!
– Você é um desgraçado!

– Quando você casar, sua casa vai ser um lixo!
– Já estou vendo que esse casamento não vai dar em nada!

> *Ponho diante de ti a bênção e a maldição. A vida e a morte. Escolhe, pois, a vida para que vivas com toda a tua posteridade, amando ao Senhor Deus, obedecendo sua voz e mantendo-te unido a ele.*
>
> Dt 30,19

Muitas pessoas sentem-se derrotadas, improdutivas, impedidas de avançar, apenas porque alguém em posição de autoridade lançou-lhes palavras carregadas de ira.

Palavras acusadoras

– Você é um grande mentiroso. Você é um grande vigarista!
– Você é o culpado de tudo o que está acontecendo!
– A culpa é dos governantes, dos ladrões, dos desonestos!

> *Não digas mal de teu rei, nem mesmo em pensamento. Mesmo dentro de teu quarto, não fales mal do poderoso.*
>
> Ecl 10,20

A psicologia de Deus é perfeita. Ele enxerga todos os homens e ouve todas as vozes dos homens, espalhadas pela face da terra. Todos nós já ouvimos e, talvez, até dissemos palavras cheias de ira. *Mas elas são devastadoras!*

Palavras irônicas
– Filhinho da mamãe, hein!
– Você casou mesmo ou juntou os trapinhos?
– Ela é azeda assim mesmo ou está chupando limão?

Palavras preconceituosas
– Os advogados são todos ladrões!
– Os crentes são falsos!
– Os homens são todos infiéis!
– Lugar de mulher é na cozinha!
– Os médicos são todos mercenários!
– Os católicos são idólatras!

Falta de atenção ou não ouvir

É um vício que nos separa dos outros. Há filhos que dizem dos pais: "Não adianta nem falar com o papai, porque eu sei que ele nem vai me ouvir". É triste esta realidade que acontece em algumas famílias. Quantos problemas entre pais e filhos, maridos e esposas, seriam solucionados se aprendessem a ouvir com amor e atenção, sem acusação e sem julgamentos.

Prometer e não cumprir

Isso pode acontecer, mas quando se torna um vício é muito frustrante.

Se desejamos relacionamentos equilibrados, devemos eliminar esses vícios.

2. Os problemas emocionais

A ansiedade, o complexo de culpa e o complexo de inferioridade são os três problemas emocionais básicos, os quais exercem forte influência em nossos relacionamentos, os quais nos tornam pessoas complicadas, infelizes e de difícil convívio. Há urgência de cura. E sabemos que esses problemas têm solução. Deus nos oferece os meios para isso. John Powell nos explica:

Ansiedade

A ansiedade é o desassossego da mente. Medo de que algo ruim aconteça. Estado constante de insegurança. Define-se ansiedade como um estado de agitação, inquietação e perda de ânimo. É também um estado caracterizado por sentimentos de apreensão, pela incerteza e pelo medo de enfrentar com seus próprios recursos um acontecimento ameaçador, real ou imaginário. Certo grau de ansiedade é normal e até positivo. Os exercícios de relaxamento ajudam a controlar as manifestações de ansiedade. Viver o presente com toda a intensidade também coopera para mais serenidade e, sobretudo, a fé em Deus enche nossa mente de segurança e paz (cf. Fl 4,4-8).

Culpa

É a sensação de que necessitamos ser punidos por algo irreal. O sentimento de culpa é benéfico se você maltratou alguém e sofre por isso, pois prova que está em perfeito equilíbrio. Porém, se o sentimento de culpa é sem razão alguma, sem lógica, gera grande desgaste emocional. Deus nos perdoa continuamente, lança no fundo do mar nossas culpas e pecados e nos justifica pelo poder do sangue precioso e restaurador de Jesus. Livre-se da culpa.

Inferioridade

O sentimento de inferioridade se manifesta como uma sensação de inadequação, de inutilidade. A pessoa tem consciência de que possui habilidades, valores, dons, mas estão paralisados, até que alguém os estimule a abrir-se para a vida. A baixa estima escraviza, faz-nos ver o mundo cheio de obstáculos, de trevas, de desesperança. Mais uma vez, a fé é a solução. "Eu vou adiante de ti, preparando o caminho. Eu sou teu Deus. Por onde quer que tu andes, eu estarei contigo" (cf. Js 1,1-9).

3. Quando erramos o alvo: Cometemos pecado

Todas as nossas mazelas, conflitos, confusões, agressões, mágoas têm um nome: pecado.

A palavra pecado é originária do latim e significa: sair da rota, desviar-se do caminho, deixar-se extraviar, errar o alvo. Portanto, explica o psicanalista Eduardo Mascarenhas que o pecador seria aquele com tendências a dar tiros a esmo e não acertar nos objetivos mais profundos. Isto é, acertar naquele alvo que lhe traria maior grau de felicidade e realização. Mas o pecador é instigado por tentações, por fragilidades, atraído pelos prazeres laterais, que o levam a sair de sua rota verdadeira. A tentação é tudo aquilo que faz o homem pensar na gratificação instantânea; ele busca um desejo fissurado e não se conforma em ter de se harmonizar com o todo, com o conjunto dos desejos, dos sonhos, vistos em sua globalidade. Pois ele busca prazer de um lado e se machuca do outro. Perde o rumo, extravia-se, sai da rota, perde o alvo. Por esse motivo, Deus é a solução. A religião é a solução. Religar, reencontrar o fio da meada, o pé das coisas, restabelecer vínculos entre o céu e a terra, entre o que é banal e o que é transitório, o que é mistério e o que faz parte da eternidade.

Acredito que Deus não faz promessas para o futuro, para que nos esqueçamos de viver o presente. Na Sagrada Escritura, estão registradas 2.500 promessas para viver o dia de hoje, com felicidade e plenitude. Viver com harmonia, perdoando, amando, compreendendo.

Santo Agostinho disse: "O demônio é como um cão raivoso acorrentado, só morde aquele que se aproxima dele". Comete pecado aquele que se desvia da rota. Que se aproxima do cão raivoso. "Há destruição e ruína em seus caminhos, não conhecem a paz, porque não há temor de Deus, diante de seus olhos" (cf. Rm 3,16-18).

Para não pecar: Tenha cuidado com seus pensamentos, porque eles se transformam em palavras; cuide de suas palavras, porque elas se transformam em atitudes; cuide de suas atitudes, porque elas se transformam em caráter. Cuide de seu caráter, porque ele se transforma em caminho.

Quando você erra o alvo, comete pecado. Com o pecado, surge o medo: de ser assaltado; da solidão; de ser rejeitado; da morte; da doença; de enfrentar as pessoas; de ser traído; do fracasso; da humilhação; do ridículo...

Devemos lembrar que existe um poder milagroso em nossos pensamentos. Se desejar mudar seu mundo, comece mudando seus pensamentos.

Quando as coisas lhe parecerem difíceis, lute com todas as forças de sua alma para não resmungar, para não reclamar, nem amaldiçoar.

Utilize a fé restauradora, transformadora. Se você aprender a pensar e a falar as palavras certas nos momentos certos, Deus mudará a situação, o que era impossível, será um verdadeiro milagre. Que o fraco diga que está forte; que o oprimido diga que está liberto; que o doente afirme que está curado; que o triste declare que está feliz; que o pobre fale que é próspero. Comece a dizer que está curado, que é feliz, completo, abençoado e próspero. Pare de reclamar das montanhas de problemas, mas as coloque em submissão à grandeza e à fortaleza de Deus, que ele derrubará todas as muralhas de seus problemas.

> *Tende por motivo de toda a alegria o passardes por várias provações. Em tudo dai graças.*
> Sl 26,1

> *Tudo coopera para o bem daquele que ama a Deus.*
> Rm 8,28

O apóstolo Paulo, considerando-se uma pessoa difícil e sem mérito algum, falou:

> *Por três vezes roguei ao Senhor que se apartasse de mim, mas ele me disse: "Basta-te minha graça, porque é na fraqueza do homem que se revela totalmente minha força".*
> 2Cor 12,8-9

Que lindo!

Com essa força, não há razão para medos. Mas, apesar de toda a bagagem de fortaleza que recebemos de Deus, ainda encontramos muitas pessoas com medo. Com a autoestima bastante fragilizada, meditemos este texto:

> Por que tenho tanto medo de não ser amado?
> Por que alguém me ofendeu, se sou tão bondoso, tão amigo, tão educado? Por que me rejeitaram sem nenhuma razão? Ou não prestaram atenção em mim? Sem me dar conta, eu me vejo remoendo o sucesso dos outros; vejo também a maneira pela qual as pessoas se aproveitam de mim. Apesar de minhas boas intenções, também me deflagro sonhando em tornar-me poderoso, célebre e famoso. Contudo, todos esses exercícios mentais me mostram o quanto minha fé é frágil. Esqueço que sou um bem-amado.
> Por que tenho tanto medo de não ser amado, de ser culpado, posto de lado, superado, ignorado, perseguido e morto? Por que estou, constantemente, criando estratégias para me defender e, consequentemente, garantir o amor que acho que preciso e mereço? Dessa forma, isolo-me da presença do Pai e escolho habitar uma terra estranha. Aqui surge a questão: A quem pertenço? A Deus ou ao mundo? Muitas preocupações me revelam que pertenço muito mais ao mundo que a Deus. Qualquer crítica me deixa perturbado, a menor rejeição me deprime, o menor elogio levanta meu espírito e o pequeno sucesso me anima. Pouca coisa me é necessária para me levantar ou me deixar por baixo, sou como uma embarcação no meio do oceano, completamente ao sabor das ondas. O tempo e a energia que consumo, tentando manter o equilíbrio e evitando ser abatido e naufragar,

mostram-me o quanto estou na dependência das ilusões e das vaidades deste mundo. Não uma luta abençoada debaixo do olhar do Pai amoroso, que cuida de mim mais do que dos passarinhos, dos fios de cabelo de minha cabeça mais do que dos lírios do campo... (*A volta do filho pródigo*, de Henri Nouwen).

Nossa intimidade com Deus nos equilibra e nos fortalece.

4. Vantagem de conviver com uma pessoa difícil

Todo o ser humano nasceu para conviver. Ninguém vive isolado. É nos relacionamentos que nos machucamos, mas também é neles que nos curamos.

Enquanto estivermos neste mundo, teremos de viver como seres humanos e não como angelicais. Por isso, necessitamos aprender a arte dos relacionamentos saudáveis.

Segundo Shinyashiki, muitos casamentos estruturam-se sobre a miragem de que um suprirá todas as necessidades do outro, o tempo todo e para sempre. O resultado dessa idealização são muitas separações e casais infelizes. Ninguém é completo para ninguém, por mais sensacional que seja.

Há também circunstâncias nas quais o orgulho, a prepotência e a rebeldia não resolvem, "a emenda fica pior que o soneto". O fato de um filho sair de casa, porque está revoltado com seu pai ou com sua mãe, não vai resolver nada, e sim piorar a situação.

Dois sócios que estão progredindo em uma carreira devem lutar por mais tolerância, compreensão, perdão, para que a unidade não seja destruída.

5. Quando a pessoa difícil é a sogra ou a nora

Não me amem tanto

A disputa entre a sogra e a nora se eterniza. Essa disputa entre a sogra e a nora pelo filho/marido resulta de certa cegueira. Ambas têm um cisco no olho. A nora e a sogra têm dificuldade dever seu próprio cisco e, por isso, só conseguem ver o cisco da outra. E, por esse motivo, têm sempre "razão". E assim a luta se eterniza. Não posso tirar o cisco do outro, mas posso cuidar do meu. Não posso controlar as emoções do outro, mas posso controlar minhas emoções.

Se o botão de meus sentimentos está nas mãos de meu cônjuge, qualquer agressão da parte dele me faz pular e vice-versa. Um aperta o botão, o outro reage, pula. O cônjuge retoma o botão em suas próprias mãos. Não se envolve. Se o outro apertar o botão, não pularei. Determino-me a não reagir. Mas se ambos os cônjuges reagem impulsivamente, a briga nunca terminará.

Quando se trata de sogra e nora, o problema se divide em dois amores legítimos. Ele é solicitado a optar, mas como ambas têm "sua razão", ele (o marido, o objeto do conflito) não pode optar.

Paulo Gaudêncio, psicanalista, diz:

> Se eu tivesse dotes musicais, escreveria um bolero de lamento do marido/filho sofredor... mas, como eu não tenho, escrevo só o título: "Não me queiram tanto!" Poupem-me desse amor que tenta me obrigar a uma opção impossível, deixem-me em paz.

Capítulo III – Vícios da Comunicação

A saída para esse problema está na avaliação de seu próprio comportamento. Você deixará de ser uma pessoa reativa para se tornar ativa. Administrando melhor suas emoções, terá coragem de cuidar do cisco de seu próprio olho.

Sogra e nora: Duas pessoas difíceis. Vencerá aquela que for mais inteligente e amar mais.

O veneno do rancor...

Conta uma lenda chinesa que uma jovem chamada Lin casou-se e foi viver com seu marido na casa da sogra. Lin não se adaptou, vivia irritada com o jeito da sogra e sua vida foi tornando-se insuportável. Porém, segundo as tradições chinesas, a nora tem de estar sempre a serviço da sogra. Lin, não suportando mais a convivência difícil, foi consultar um sábio. Depois de ouvir a jovem, o mestre Huang lhe deu um pacote de ervas e disse: "Para te livrares de tua sogra, não deves usar as ervas de uma só vez, pois isso poderia causar suspeita. Mistura-as com a comida e assim ela irá morrendo lentamente. Para evitar que alguém suspeite de ti, quando ela morrer, deverás ter o cuidado de tratá-la com o máximo carinho e nada te custará". Lin ficou muito entusiasmada com o projeto e, para evitar suspeita, obedecia à sogra em tudo. Passados seis meses, toda a família estava transformada. Lin foi novamente procurar o mestre Huang, e disse: "Por favor, mestre, ajuda-me a evitar que minha sogra morra. Eu a amo como se ela fosse minha própria mãe. Não quero que ela morra, estou muito arrependida!"

O sábio sorriu: "Tua sogra não morrerá. Tua sogra não mudou em nada, quem mudou foste tu. As ervas são vitaminas. O veneno que estava em tuas atitudes foi substituído por amor e carinho. E tudo ficou bem".

6. Depoimento

Minha vida estava de cabeça para baixo

Meu nome é Mônica. Participei pela primeira vez do curso da Dra. Ruthe, em setembro de 2002, na Comunidade Bom Pastor, em Copacabana, no Rio de Janeiro.

Antes de conhecê-la, estava atravessando uma fase muito difícil. Minha vida estava de cabeça para baixo. Não sabia o que fazer, o que buscar, nem como buscar; não sabia nem como rezar; chorava, perdida. Clamei a Deus por socorro. Só isso, pedi socorro. E uns dias depois, enquanto trabalhava em casa, liguei o rádio e a Dra. Ruthe falava de um de seus cursos. Tudo foi tão rápido! Peguei a caneta e tomei nota de seu telefone. E desde o momento em que falei com ela, comecei a sentir esperança. E Deus foi tão maravilhoso para mim; e digo que não foi um curso, mas quase um retiro. Aprendi a ser mais cristã. Meu coração estava cheio de raiva e de revolta; estava quase me separando e jogava toda a culpa em meu marido, ignorando o quanto também eu era culpada.

Minha personalidade é muito forte e eu estava pondo tudo a perder por minha inconsciência.

Hoje estou tornando-me uma nova pessoa. Estou aprendendo a me conhecer por dentro e por fora. Nem acredito no que está acontecendo em minha vida. Sou catequista e tesoureira de minha paróquia, e já não sinto mais medo das pessoas, pois antes achava que todos riam de mim. Tenho me policiado para não criar atritos e assim tenho tido mais serenidade.

No final do curso, a Dra. Ruthe fez uma dinâmica e nos conduziu a uma reflexão bem profunda. E, graças a esse momento, minha vida familiar fluiu, foi restaurada.

Uns três dias depois, meu marido, após ler a carta que escrevi para ele (durante o curso), chorando, veio conversar comigo. Foi nesse momento que tudo que era mentira para nós tornou-se verdade, tudo que estava em brasas no meio das cinzas foi apagado. E quando chegou a noite e fomos deitar, pela primeira vez na vida, oramos juntos, um pelo outro. Entramos em lua de mel com Deus, em nossa casa. Meu filho foi o maior beneficiado, pois, inocente, sofria com nossas brigas e desentendimentos. Hoje somos uma família feliz.

7. Exercício: Confronto honesto

– Você continua permanecendo na defensiva, justificando-se quando erra, ou já adquiriu a humildade de admitir seu erro?
– Você percebeu se algumas vezes se castiga sem motivo?
– Fofoca. Você já se libertou desse vício cruel e mesquinho? Se não consegue, busque ajuda.
– Você foi perdoado, mas não mudou seu comportamento? (Isso se assemelha a enxugar o chão com a torneira aberta.)
– Você tem uma dívida com alguém e não está conseguindo pagar. Como se comporta? Você foge, esconde-se, mesmo sabendo que é uma atitude de covardia e que o prejudica muito mais?
– Já pensou nas recompensas de um confronto honesto?

Capítulo IV
VIRTUDES A CULTIVAR

Para o ouvido de muitas pessoas, falar em virtude soa como algo pejorativo, inadequado para nossos tempos, em que o homem, quanto mais orgulhoso, ambicioso e prepotente, mais é honrado pelos demais. Li em um livro sobre esse assunto. A humildade, por exemplo, é uma das mais importantes virtudes a cultivar. Ela não consiste somente em reprimir os impulsos da soberba, da ambição, do egoísmo ou da vaidade. A humildade não aniquila a alegria de viver, pelo contrário, enobrece a vida, concede asas ao espírito e amplia os horizontes das mais caras aspirações. Todas as grandezas humanas são vazias, fenecem rapidamente. Tudo o que é grande realmente não foi fabricado com a habilidade de nossas próprias mãos ou com a perspicácia de nossas mentes, mas tudo é graça.

Madre Teresa de Calcutá foi uma das mulheres mais humildes da face da terra. Sua grande humildade era a arma mais forte para lidar com as pessoas difíceis. Ela falou:

> Não tente mudar uma pessoa. Procure apenas compreendê-la.

"Na presença de Madre Teresa, todos nós nos sentimos, com razão, um pouco humilhados e envergonhados de nós mesmos" (Palavras de Indira Gandhi, perante a Assembleia da ONU).

"Um homem de Deus é sempre humilde. Quem não se apega a nada é livre. Porque o medo é resultante de um feixe de energias desencadeadas", diz Larrañaga, para a defesa das propriedades e das apropriações, quando o dono se sente ameaçado. Mas o que é que vai perturbar alguém que entregou sua vida a Deus? E ele diz: "Se ele quiser que eu vá para a direita, irei; se desejar que eu vá para a esquerda, irei... De um homem humilde e livre, nasce um homem disponível e feliz".

1. A sinceridade enaltece o espírito

Para conviver bem, necessitamos ser transparentes, *ser sinceros*.

Antigamente, quando os escultores terminavam uma obra de arte, especialistas avaliavam para ver se se tratava de uma obra verdadeira. Se era feita em um único bloco ou se havia emendas.

Quando havia uma lasquinha ou um machucado na estátua, os fraudulentos consertavam com cera, a fim de que o comprador não percebesse a falsidade ao comprá-la.

Para evitar isso, contratavam-se especialistas que, após a avaliação, afirmavam se a obra era com ou sem cera. Daí surgiu a palavra sincera, que significa sem cera. Pessoa autêntica, verdadeira, sem máscaras.

Dizem que quanto piores forem as pessoas com as quais convivemos, melhor; pois elas terão coragem de denunciar nossas ceras, incoerências, duplicidades, mentiras. Somente dessa forma iremos nos modificar. Devemos ser gratos com aqueles que nos ajudam a nos tornar mais conscientes de nós mesmos.

2. Uma dose de amor

Há uma crença antiga de que amar os outros é virtude, mas amar a si mesmo é egoísmo, e essa convicção vem de longe. João Calvino dizia que o amor próprio é uma peste. Amar os outros era virtuoso, mas amar a nós mesmos era pecaminoso. Graças a Deus, essa concepção já está morrendo, mas muitos ainda abraçam essas ideias carregadas de culpa.

Paulo Tillich, escritor, sugeriu que fosse abandonada a expressão amor próprio e substituída por autoaceitação. Mas, por muito que se encarem os méritos dessa sugestão, não é possível concordar com isso, pois a Bíblia adverte sabiamente: "Ama teu próximo como a ti mesmo". Que tipo de sentimentos contraditórios nos levam a negar um mandamento tão absolutamente claro?

O elemento fundamental do amor expressa-se em uma atitude de respeito por todas as pessoas, por todas as coisas do mundo, incluindo eu mesmo e não rejeitando minha pessoa.

O amor verdadeiro, o amor mais perfeito, é o amor oblativo, depurado no fogo, livre de projeções enganadoras, livre de ilusões, e que sobe à fonte primeira que é Deus. Este amor não supõe repressão, mas é um confronto e uma superação das dependências e das fantasias. A maneira de amar é um critério de maturidade de uma pessoa. "Dize-me como amas e eu te direi quem és."

3. Depoimento

A vida em minha casa não era nada bonita

Éramos considerados uma família modelo e nos esforçávamos muito para conservar-nos assim. Mas a imagem de retrato perfeito que mostrávamos aos outros nada tinha a ver com a realidade. A vida em minha casa não era nada bonita. Havia espancamentos e muita agressão verbal, ameaça e intimidação. Essa realidade nunca era discutida. Não somente estávamos enganando os outros, como também estávamos enganando a nós mesmos.

Essa falta de coragem de aceitar a verdade era nosso estilo de vida. E isso persistiu até o dia em que participei de um grupo de ajuda e comecei um processo, longo e lento, mas que me foi ensinando a admitir a verdade sobre meus sentimentos e sobre as circunstâncias que me cercavam.

Estava tão constrangido, tão envergonhado, com medo do que os outros pudessem pensar, mas fiquei muito aliviado de abrir meu coração e de ser ouvido com respeito.

Por meio desse processo, comecei a acreditar em Deus. Quando a dor era muito grande, repetia várias vezes esse lema milagroso: "Solte-se e entregue-se a Deus". Hoje me considero muito afortunado, porque sei que meu Deus é maior que todos os meus problemas. Finalmente, descobri que não poderia ficar sozinho, sofrendo, sem partilhar com alguém. Soltar, pôr para fora, nossos medos e inseguranças traz alívio e paz, mas para isso é preciso muita humildade (G. F. A.).

Sou muito grata pelo testemunho deste jovem que enriqueceu este livro. Que Deus o abençoe muito.

4. Pessoa difícil: O pobre

Para a maioria das pessoas, o pobre é a pessoa difícil que ela é obrigada a suportar.

Sou particularmente muito grata a meu querido pai, que ensinou e demonstrou a todos os filhos a necessidade de amar o pobre, o fraco, o indigente. Levava para nossa casa pessoas bem humildes, bem pobrezinhas, para almoçar ou jantar conosco, fazendo parte de nossa mesa. Levava aquelas pessoas que a maioria dos homens da cidade até repudiava. Meu pai se tornava para elas "um amigo do peito".

A executiva e o garoto

Entro apressada e com muita fome na confeitaria. Escolho uma mesa bem afastada do movimento, pois quero aproveitar para comer e passar um e-mail urgente para meu editor.

Peço uma porção de fritas, abro o *laptop*.

Levo um susto com aquela voz baixinha atrás de mim.

– Tia, me dá um trocado?

– Não tenho, menino.

– Só uma moedinha para comprar um pão.

– Está bem, eu compro um para você.

Minha caixa de entrada está lotada de e-mails. Fico distraída, encantando-me com as poesias, com as formatações. Ah, que música! Essa música me leva a Londres.

– Tia, pede para colocar margarina e queijo também.

Percebo que o menino havia ficado ali, juntinho de mim.

– Ok. Vou pedir, mas depois me deixa em paz, preciso trabalhar, estou ocupadíssima.

Chega minha refeição e junto com ela meu constrangimento.

Faço o pedido do guri e o garçom me pergunta se quero que ele mande o garoto ir passear. Digo que está tudo bem.

– Deixe-o ficar e traga o pedido do menino.
– Tia, você tem Internet?
– Tenho sim, é essencial ao mundo de hoje.
– E o que é Internet?
– É um local no computador onde podemos ver e ouvir notícias, músicas, conhecer pessoas, ler, escrever, sonhar, tem tudo no mundo virtual. E, lá, criamos um monte de coisas que gostaríamos de fazer, criamos nossas fantasias e transformamos todas as coisas desagradáveis em bonitas, como gostaríamos que fossem.
– Legal isso! Eu adoro.
– Menino, você entendeu o que é virtual?
– Sim, também vivo nesse mundo virtual.
– Nossa, você tem computador?
– Não! Mas meu mundo também é desse jeito. Minha mãe trabalha, fica o dia todo fora, só chega muito tarde e quase não a vejo. Fico cuidando de meu irmão, que chora de fome e eu dou água para ele e digo para imaginar que é sopa. Minha irmã mais velha sai todo o dia, diz que vai vender o corpo; não entendo, pois ela volta todo o dia com o corpo. Meu pai está na cadeia há muito tempo, mas imagino nossa família toda reunida em casa, muita comida, muitos brinquedos, ceia de natal e eu indo ao colégio para virar médico, um dia. Isso é "virtual", não é, tia?

5. Reflexão: Que atitudes adotar perante as pessoas difíceis

– Como encaro o pobre que se aproxima de mim? Com desconfiança, medo ou desprezo?

– Que atitudes tomar com aquelas pessoas que nos ferem?

– O que mais lhe causa desespero? A quem você recorre nesses momentos?

– O que podemos fazer por nós mesmos, para lidar melhor e de forma mais sadia com pessoas que nos agridem constantemente?

– Que atitudes adotar em relação às pessoas que desprezam as virtudes e abraçam os vícios?

Capítulo V
COMO TORNAR FÁCEIS OS RELACIONAMENTOS DIFÍCEIS

Saber reconhecer os comportamentos difíceis, descobrir suas causas, ajudar as pessoas, injetando nelas uma dose de atitudes de bondade e de compreensão é essencial nos relacionamentos.

Quando melhoramos nosso temperamento, podemos lidar melhor com as pessoas que nos ferem.

Há pessoas que têm o dom de provocar aborrecimentos por onde passam.

Conseguir harmonizar-se com pessoas de difícil temperamento é decisivo para sobreviver neste mundo.

Encontramos pessoas difíceis nas melhores famílias, nas melhores empresas, nas melhores vizinhanças.

Precisamos estar atentos quanto a nossos pensamentos, palavras, atitudes agressivas, porque a irritação e o descontrole emocional só causam tristeza e dor. Palavras cruéis provocam ódio. Serenidade é saúde. Palavras cruéis suscitam a ira.

Algumas normas de cabeça fria tornam-se suportes contra conflitos insensatos e perigosos. Vejamos:

– Quando agredido, escute até o final, com amor, embora sinta desejos de agredir até mesmo fisicamente. Quando uma pessoa nos agride de forma violenta, ela é que está descontrolada; portanto, cabe a nós administrar o momento de cabeça fria.

– Não revide, não interrompa. Mantenha serenidade. Pense em Jesus, Filho de Deus, derramando seu sangue na cruz porque deseja o perdão e a reconciliação e não o ódio.

– Quando a pessoa se calar totalmente, agradeça a coragem que teve de falar tudo o que pensava de você. Seja humilde, sem se sentir humilhado. Comprometa-se a ser melhor, peça ajuda ao agressor.

– Após muita reflexão, livre de ódio, procure quem o agrediu e abra seu coração, dizendo a dor que sentiu com suas palavras. Sem o acusar, fale apenas de seus sentimentos. É a oportunidade mágica de uma reconciliação perfeita. Faça a experiência. O medicamento poderoso que fortalece nosso "ego" é a humildade.

1. Há pessoas difíceis, mas elas também são bondosas

Há pessoas difíceis, mas elas também são bondosas, reconhecem seus momentos conflitantes, estão conscientes disso e, portanto, não prejudicam tanto, porque se arrependem, pedem desculpas, sofrem também quando fazem os outros sofrerem. Mas há pessoas que passam dos limites, não têm consciência de seus atos. Não percebem como seu comportamento machuca, humilha, fere. Quase sempre estão convencidas de que estão certas e são os outros que precisam mudar. Saber lidar com pessoas difíceis, em um ambiente de empresa, por exemplo, é uma necessidade básica, pois é impossível manter a produtividade elevada, se os integrantes de uma equipe de trabalho não se toleram, não toleram as diferenças individuais, não se suportam.

Capítulo V – Como tornar fáceis os relacionamentos difíceis

"Conviver pacificamente está ao alcance de todos nós", diz Reinaldo Passadori, mas exige um compromisso honesto, muita tolerância e persistência. Exige que, muitas vezes, nos humilhemos até para que o relacionamento não se dobre, não se quebre.

Precisamos lembrar que, por trás de um comportamento difícil, podem existir pureza de intenções e sentimentos de justiça, porém, distorcidos, confusos e que necessitam de discernimento.

Olhar para si mesmo, não com um olhar narcisista e complacente, que vê tudo o que é seu como o máximo, nem com um olhar policialesco, que se culpa por tudo, mas sim com um olhar de confronto honesto, verdadeiro, que se esforça para se reconhecer.

2. Empatia: Delicadeza da alma

O que é empatia? É a delicadeza da alma.

A empatia pode ser definida como a capacidade de experimentar, com a devida compreensão, os sentimentos e as ideias de uma outra pessoa, colocando-se com toda a honestidade em seu lugar. A pessoa que sabe ouvir com empatia transporta-se para nosso interior, para abraçar, com carinho, esse nosso "eu" atribulado que ali está pedindo o socorro de sua compreensão, seu amor e respeito. Ela nos faz sentir seguros de que não estamos sozinhos em um mundo frio e hostil, indiferente a nossos problemas. Por meio da empatia, captamos as vivências do outro, de maneira total: como essa pessoa sente, sem nos limitarmos às palavras que ele nos confia, aos fatos que nos comunica, mas também e, principalmente, a sua linguagem corporal. Suponhamos, por exemplo, que um colega de trabalho, muito nervoso com a apresentação de um projeto, diz-nos com voz sumida e uma atitude de desânimo: "Estou arrasado, hoje fui humilhado por meu chefe e ainda estou com todo esse trabalho para realizar..." Se prestarmos atenção apenas à mensagem verbal, significa que só ouvimos parcialmente, e talvez nossa resposta seja: "Bola pra frente! Isso passa". Porém, se nossa audição for mais atenta, se formos capazes de notar seus gestos e de entrar em sintonia com ele, é muito mais provável que digamos: "É muito doloroso isso. Imagino como você está sofrendo! Conte-me tudo, desabafe". E se isto for real, fará esta pessoa muito consolada por sentir-se compreendida profundamente.

Como podemos exercitar a empatia? O ser humano é, por natureza, incompleto. Por isso, necessita dos demais para superar a solidão. Não somos uma "ilha", precisamos das pessoas, precisamos de uma convivência saudável.

Quando alguma coisa nos aflige, quando ficamos confusos, quase sempre acabamos pedindo auxílio a um semelhante, de preferência buscamos uma pessoa de nossa confiança para expressar nossas aflições. Expomos a situação com a esperança de receber compreensão e consolo, que possam infundir-nos o calor humano tão necessário. Raramente pedimos a solução do problema, mas esperamos que, por um momento, o interlocutor sinta como nós estamos nos sentindo, coloque-se em nossa pele, junte-se a nosso coração amargurado e nos conforte (ouça empaticamente). Nessas circunstâncias é frequente encontrarmos pessoas até bem-intencionadas, que nos dão uma palmadinha em nossas costas e nos dizem: "Isso não é nada, isso passa!" Mas nossa desilusão é que a pessoa não entendeu a intensidade de nosso conflito. Muitas vezes, essas pessoas nos esmagam com uma série de argumentos e, longe de nos tranquilizar, fazem-nos pensar na inutilidade de nosso desabafo. Não conseguem perceber a importância crucial que tem para nós a experiência pela qual estamos passando.

Uma pessoa capaz de fazer empatia capta os sentimentos alheios, mesmo se nunca passou pela mesma experiência. O médico, por exemplo, que se dobra para consolar o doente em sua dor e em sua fragilidade, pode nunca ter sentido aquela mesma dor na vida, mas injeta no doente uma dose tremenda de confiança.

A empatia com as crianças, por exemplo: Suponhamos que a criança está desesperada com o barulho dos trovões. De nada adianta o pai lhe dar explicações meteorológicas sobre o temporal, os raios, mas se ele abraçar o filhinho e disser: "Que barulhão, meu filho! Fico bem juntinho de você, até passar o medo. Eu estou aqui, estou com você!"

É preciso transmitir muita calma à pessoa que está desabafando um problema, que está confiando em nós, sem interromper e sem dar soluções prematuras, sem aquela conversa antiga: "Comigo aconteceu muito pior!" E às vezes dominar a conversa e começar a contar sua história, desviando-se totalmente do assunto, pensando em seus problemas que já foram resolvidos e que não interessam ali, naquele momento. Essa é uma conversa inútil, quem está necessitando de ajuda é o outro e não você. Se agir assim, você está voltado para seu centro, sendo egoísta e até mal-educado. Uma frase que ajuda é: "Você deve estar sentindo-se muito mal!" Ou então: "Nossa, que problemão, hein!", "Compreendo que não deve ser fácil!"...

Exercitar a capacidade da "empatia" é uma forma de promover um contato humano, tornando-o mais gratificante e mais caloroso, aliviando a solidão, enriquecendo a si mesmo e aos demais.

A linguagem corporal também desempenha um papel fundamental, como o gesticular, o olhar, o movimento do corpo, tudo isso dá mais consistência aos argumentos verbalizados. As palavras são apenas uma parte dos sinais que utilizamos para entrar em comunhão com o outro. O corpo reforça, complementa ou contradiz a linguagem falada. A linguagem corporal mostra com clareza as emoções e as intenções de uma pessoa no processo de comunicação. O rosto é a principal fonte de informação. Veja o que acontece no final de um campeonato de futebol, quando seu time ganha. Agora pense em sua fisionomia diante de um superior hierárquico que não lhe está atendendo um pedido. Como em outros momentos: a dor pela morte de um ente querido ou uma decepção amorosa, as expressões são bem características. Exigem que tenhamos a arma curadora da empatia para ajudar, amar e consolar as criaturas que nos rodeiam.

3. Medo de autoridade?

No dicionário, hierarquia quer dizer: Ordem e subordinação dos poderes civis, militares e eclesiásticos. Série contínua de graus ou escalões, em ordem crescente ou decrescente.

Autoridade: Direito de ou poder de fazer-se obedecer, dar ordens, tomar decisões, agir, fazer-se respeitar.

A autoridade vem de Deus, diz as Escrituras. "Por amor ao Senhor, sede submissos, pois, a toda autoridade humana, quer

Capítulo V – Como tornar fáceis os relacionamentos difíceis

ao rei, como ao soberano, quer aos governadores, como aos enviados por ele, para castigo dos malfeitores e para favorecer as pessoas honestas. Porque esta é a vontade de Deus que, praticando o bem, façais emudecer a ignorância dos insensatos. Comportai-vos como homens livres e não à maneira dos que tomam a liberdade como véu para encobrir a malícia, mas vivendo como servos de Deus. Sede obedientes a seus senhores com todo o respeito, não só aos bons e moderados, mas também aos de caráter difícil" (1Pd 2,13-17).

E é no ambiente de trabalho que o ser humano está sujeito a enfrentar todo o esquema de hierarquia. É o trabalho que ocupa o maior número de horas do dia de uma pessoa e é ali que necessitamos aprender a conviver para não sofrer desnecessariamente.

As dificuldades de relacionamento no ambiente de trabalho são extremamente prejudiciais. Os profissionais deveriam preocupar-se em controlar suas emoções da mesma forma que se empenham tanto em melhorar seus currículos. Essa é a opinião de Stefi Maerker, diretora da Secretary Search & Training (consultoria especializada em seleção e treinamento de secretárias).

De que adianta um profissional ter faculdade, domínio de idiomas e prestígio internacional, se não está em perfeito equilíbrio emocional para conduzir negociações.

O acúmulo de situações de estresse está ligado à falta de equilíbrio emocional e afeta diretamente a produtividade. O descontrole das emoções resulta de acontecimentos de pouca importância, que frequentemente se convertem em gota-d'água e que, somados, podem abalar seriamente o profissional.

O homem moderno não tem tempo de parar para pensar em si mesmo; ou melhor, ele faz opção por trabalhar mais e ganhar mais dinheiro e não por ter momentos de reflexão, meditação ou oração para seu fortalecimento emocional, psicológico e espiritual. Há certa ingenuidade ocupando a cabeça de muitas pessoas que sonham com o sucesso, com a riqueza, a fama e muito prazer. Elas se esquecem de que a vida é efêmera e de que podemos, de repente, deixar o mundo, nossos planos e nossos sonhos pela metade. "Hoje parecemos eternos", diz Augusto Cury, "amanhã somos apenas uma folha que já amarelou no livro da vida". Arranje tempo para descansar e refazer suas energias.

4. Crises: Reações diante das pessoas difíceis

Todo o relacionamento humano passa por crises, e é justamente nas crises que a tolerância, o amor, o respeito e a amizade são testados. A consciência de nossas limitações reais, resultantes de nossas feridas, pode conduzir-nos à compreensão das feridas dos outros.

Observe sempre que você entrar em contato com uma pessoa que lhe parece difícil:

– Sente medo dela?
– Sente aumentar os batimentos cardíacos?
– Sente algum tipo de alergia?
– Percebe uma forte tensão em todo o corpo?
– Quer sair o mais rápido possível de sua presença?
– Seu rosto se contrai?
– Muda seu tom de voz?
– Sente-se diminuído perto dela?

– Após o contato com a pessoa, sente tristeza e desânimo?
– Ao perceber sua voz no telefone, você se assusta?
– Gagueja, treme, transpira?
– Sente dor de cabeça?
– Aperto no coração?
– Sente-se humilhado?
– Sente-se perturbado, com dificuldade de raciocinar?

Tente descobrir se suas reações não são recorrências de sua infância:

– Seu pai era agressivo?
– Sua mãe lhe batia?
– Seus irmãos o humilhavam?
– Seus professores o castigaram?

Perceba quantas lembranças negativas registradas em sua mente. Às vezes, uma pessoa que nos perturba tanto pode estar trazendo à tona sentimentos de medo, de rejeição, que sofremos nos primeiros anos de nossa existência. Quando detectamos esses sentimentos, essas reações de forma mais clara, vamos entendendo que as pessoas difíceis em nossa vida, no momento presente, não são tão difíceis assim quanto pensamos. As pessoas, em geral, agem de forma agressiva, rude, ofensiva, por várias razões. Estão decepcionadas com elas mesmas e projetam isso nos outros. Porque sentem ciúmes ou porque se sentem superiores, comportamentos que revelam ao contrário, pois no íntimo se sentem inferiorizadas e infelizes. Merecem nossa compaixão. É necessário que as perdoemos, porque elas não sabem o que fazem. Será que houve no mundo pessoa mais desprezada, rejeitada, humilhada que Cristo Jesus? Sendo tão grandioso, compreendeu e perdoou toda a injustiça do homem. Você pode até dizer: "Mas Ele era Deus e eu não sou Ele". Pois, fique sabendo que Ele pede exatamente isso de você. Cristo não representou uma tragédia no palco do mundo apenas para nos assustar, mas deu seu exemplo de como nós deveríamos agir, em circunstâncias humilhantes, amando nossos inimigos, fazendo o bem àqueles que nos maltratam, ordenando-nos orar por aqueles que nos caluniam (cf. Mt 5,43ss.).

5. Se alguém errar, vou culpá-lo eternamente?

Será impossível restabelecer uma relação, sem a força restauradora do perdão.

A raiva tem o poder de atuar em nossa mente de forma destruidora e implacável e cria uma compulsão de cobrança e vingança. "Nossos pensamentos lançam o ofensor em um cárcere escuro e lá o aprisionamos, impiedosamente. Mas, como recompensa, também nos tornamos com ele prisioneiros", diz o escritor Jorge Foster.

O perdão consciente é a solução. Muitas pessoas passam dezenas de anos aprisionadas, porque imaginam que o perdão tem de partir do sentimento. Nunca perdoaríamos se fôssemos sentir desejo de perdoar. Quando damos o primeiro passo, que se chama determinação para perdoar, então Deus completa a obra. Quando dizemos com honestidade: "Deus, eu sinto ódio, gostaria de esganar essa pessoa que merece meu desprezo e minha vingança, mas não faço isso porque quero amar meu inimigo, fazer o bem àquele que me maltrata, orar por aquele que me calunia, abençoar e não amaldiçoar, dar a outra face se for preciso. Empresta-me teu coração, porque tu, Senhor, conheces minha fraqueza e impotência. Mesmo derramando lágrimas amargas, quero perdoar. Eu te agradeço, porque tu és o maior interessado em me ajudar nessa reconciliação. Morreste por mim e por esta pessoa também".

Muitas vezes ouvimos pessoas falarem: "Não perdoe! Você vai tolerar isso? Mostre que ninguém pode fazê-lo de bobo! Revide! Não leve desaforo para casa!"

Essa maneira de pensar e agir sepulta nosso "ser" inteiro em uma cova bem profunda. O perdão nos devolve a vida.

Uma história real de perdão
O perdão diante de uma infidelidade conjugal

Ela era muito bonita; isto não se podia negar. Loura, com um belo corpo, era uma pessoa provocante e extrovertida, uma Marilyn Monroe brasileira. Era a amante de meu pai. Eu a vi pela primeira vez quando tinha sete anos, e jurei a mim mesmo que um dia iria matá-la, pelo sofrimento que causava a minha mãe.

E, segundo me recordo, naquela época mamãe vivia chorando. Inicialmente, desabafava com a mãe dela e, depois, passou a desabafar comigo. Embora ainda fosse muito novo para entender tudo o que se passava, conseguia perceber todo o sofrimento e a humilhação que ela sentia, e eu também.

Em casa, em Manaus, meus pais passavam dias sem trocar uma palavra. Tornei-me uma espécie de "pombo-correio" entre eles. Pedia dinheiro e entregava; levava bilhetes; transmitia recados de um para o outro, comunicando apenas o essencial e nada mais. Depois de algum tempo, mudamo-nos para Niterói, onde papai conheceu o Senhor Jesus Cristo, uma experiência que transformou sua vida. Na mesma ocasião, mamãe também conheceu a graça de Deus. Mais tarde, voltamos para Manaus, onde meu pai passou a pastorear uma igreja presbiteriana.

Durante alguns anos, vivi em rebeldia, recusando-me a aceitar a fé de meus pais. Mas, afinal, Cristo transformou também meu viver. Agora nossa família acha-se unida em fé e amor.

Aos 21 anos, terminei os estudos teológicos exigidos e fui ordenado pastor. Passei a trabalhar com meu pai em uma grande igreja.

Mas ainda havia a lembrança daquela mulher.

Certo dia, quando estava fazendo uma visita pastoral, lembrei-me da antiga companheira de meu pai. Em minha recordação, ela era muito bonita. Como estaria agora? Será que era feliz, que havia encontrado um companheiro? Como seria sua vida?

Passei de carro por seu salão de beleza. E quando olhava para lá, ouvia uma voz interior: "Volte lá e faça-lhe uma visita".

Não quis acreditar no que ouvia. A velha ferida de minha alma reabriu-se. Fiquei em luta.

"Senhor, não sabes que eu estava apenas passando por aqui? Será que o Senhor não poderia mandar outra pessoa pregar o Evangelho para ela?"

Mas a sensação persistia: "Vá lá e converse com ela. Trate-a como se ela fosse sua mãe".

Ainda meio relutante, parei o carro. Resistia à ordem do Espírito de Deus, e lágrimas me vieram aos olhos. Por fim, disse: "Está bem, Senhor. Eu vou".

Capítulo V — Como tornar fáceis os relacionamentos difíceis

Saí do carro e parei à porta do salão. Vi-a do outro lado do aposento. Devia ter uns cinquenta anos, calculei, mas ainda era bonita, muito atraente. Ela olhou em minha direção e me reconheceu.

— Você é o filho do Dr. Caio, não é?

— Sou, sim, senhora.

— É você quem prega naquele programa de televisão? Tenho assistido a seu programa.

— É verdade?

— Você deve me odiar, falou.

— Não, repliquei, pelo contrário. Vim aqui para lhe dizer que a amo e desejo respeitá-la como se fosse minha mãe.

Ouvindo isso, ela começou a chorar, e, vendo suas lágrimas, senti meus olhos marejarem também. Ela me pegou pelo braço e me conduziu a uma saleta que havia nos fundos. Ali abriu seu coração.

— Sou uma desgraçada. Passei a vida destruindo casamentos e famílias. Não foi só a sua não; houve várias outras. Minha vida é um inferno. Estou completamente abandonada. Ninguém me quer. Ninguém me respeita.

Senti uma profunda piedade ao escutar aquilo. Quando ela terminou, despedi-me e saí. Fui à casa de meus pais. Lá chegando, chamei-os para conversarem comigo em seu quarto. E ali, na quietude daquele aposento íntimo, conversamos sobre como Deus entrara em nossa vida e como dera um rumo a nossa família. Ambos se alegraram comigo, enquanto eu recordava o que Deus havia feito por nós.

— Mas e aquela mulher?, indaguei. Nós estamos felizes, mas ela não. Será que ela terá de viver para sempre em desgraça espiritual?

— Não, replicou minha mãe. Oro por ela todos os dias. Não sinto ódio para com ela, mas não consigo amá-la da forma como devo. É por isso que peço a Jesus para mandar outra pessoa.

— Então ótimo, expliquei, Deus já atendeu a sua oração, pois eu fui lá. Disse-lhe que quero amá-la como amo a senhora. Ela disse que gostaria de vê-la, mas que tem vergonha. Convidei-a para vir à igreja, mas me respondeu que não pode vir por respeito à senhora.

Parei um pouco, hesitante. Mas resolvi insistir.

— Mamãe, a porta está quase aberta. A senhora só precisa chegar lá e dar um empurrãozinho. Mas minha mãe ainda não se achava em condições de fazer isso.

— Não, respondeu ela. É pedir muito. Não sou capaz.

Desalentado, não falei mais nada. Contudo, continuei a visitar minha nova amiga com frequência. Durante quase dois meses, fui lá diariamente, li a Bíblia e orei com ela.

E chegou o Natal.

O Natal sempre foi uma ocasião muito importante para nós, pois fora uma semana antes dessa maravilhosa data que papai entregara a vida a Deus. Agora era véspera de Natal, e toda a família estava reunida: irmãos, irmãs, esposas, filhos, mamãe e papai.

Sabia que o Espírito Santo estivera falando ao coração de mamãe, e achei que ela tinha condições de avistar-se com sua antiga inimiga. Então, propus:

— Mamãe, será que poderíamos formar um coro, a família toda, e ir a sua casa e cantar para ela? Minha mãe ainda hesitou um pouco, mas sua resistência já se dissipara.

— Podemos, filho, acedeu. Podemos, sim.

Com seu consentimento, ensaiamos três hinos e, em seguida, partimos para a casa daquela mulher.

A casa estava às escuras quando lá chegamos. Paramos, então, do lado de fora do portão, e começamos a cantar. Ouvindo nossos cânticos, ela entreabriu a janela. Podíamos divisar sua silhueta ali. Estava nos ouvindo atentamente.

Pouco depois a luz se acendeu e, em instantes, ela aparecia à porta. Seu rosto estava iluminado pelo clarão suave da luz. Mamãe deu um passo em direção a ela. E ali, entre o portão e a porta de entrada, as duas se abraçaram com lágrimas a escorrer-lhes pelo rosto.

Continuamos cantando hinos que falavam do príncipe da paz, enquanto as duas permaneciam abraçadas e se beijavam, varrendo com aquelas lágrimas de perdão todo o sofrimento do passado. Em seguida, foi a vez de papai. Ninguém objetou quando ele a abraçou. Não era um abraço de amante, e sim de amigo.

E eles ainda são amigos. Aliás, nós todos – mamãe, papai, eu e a família toda – somos amigos da mulher que, um dia, pensei em matar. Todos nos amamos e nos queremos como verdadeiros amigos! (Testemunho do Pastor Caio Fábio Júnior)

6. Quando nos sentimos impotentes para ajudar

Eu estava chorando muito

Eu estava chorando muito por causa de meu irmão. Não era a primeira vez que isso acontecia, mas agora estava chorando porque me sentia incompetente demais, porque não fora capaz de ajudá-lo, de salvá-lo. Ele se drogava há 25 anos. Ainda não tinha emprego e agora, aos 44 anos, eu o via cometer um tipo de suicídio inconsciente.

Ele sabia que não poderia sobreviver se continuasse a fazer o que estava fazendo, mas parecia que todos os meus esforços para ajudá-lo tinham sido em vão. A única pessoa que poderia ajudar meu irmão era ele próprio.

Um espírito brilhante, com potencial para tornar-se a estrela mais brilhante. Normalmente são pessoas que têm um enorme talento, ou habilidade, visível para outros e ignorado por elas mesmas. Levam a maior parte do tempo perseguindo tudo, menos aquilo que são realmente capazes e que se encontra ao alcance de suas mãos. Amigos e parentes passam a vida lutando contra a tentação de esbofeteá-las, sem conseguir entender o que há de errado. É muito frustrante e há o medo de que meu irmão jamais coloque a vida em ordem. Que posso fazer, Deus amado? Como posso ajudá-lo? Uma das coisas mais difíceis nesta vida é assistir à queda daqueles que amamos. Queremos ajudá-los, salvá-los. Ao fazer isso, roubamos seu poder e eliminamos suas bênçãos. Devemos lembrar que o Deus que nos ama é o mesmo Deus que ajudará aqueles que amamos, se deixarmos espaço para isso. A verdade é que estava com raiva de meu irmão, por não ter preenchido minhas expectativas. Sabia que ele era brilhante e capaz e não conseguia compreender por que ele não colocava sua vida em ordem. Deus sabe do que ele precisa e, no momento certo em que ele se abrir para receber as grandes bênçãos que Deus tem para ele, ele as receberá. Minha tarefa é rezar para que ele se dobre perante Deus, para que se abra a seu Espírito e observe os sinais, até mesmo o mínimo sinal, e a cura estará começando. (Testemunho de I. Vanzan)

Capítulo V – Como tornar fáceis os relacionamentos difíceis

7. Reflexão: O diálogo

A natural tendência do ser humano é afastar-se das pessoas antagônicas, daquelas pessoas que habitualmente nos machucam, nos ferem. Em muitos casos, os conflitos surgem em função de um mal-entendido, e isso pode ser corrigido, por meio de um diálogo franco e honesto. O diálogo é um instrumento mágico e opera prodígios.

Cláudio, assessor do diretor de uma grande empresa, fez um comentário sobre seu amigo Jeferson; um terceiro ouviu, carregou nas tintas, colocou veneno e transmitiu ao Jeferson. Abriu-se um distanciamento, que poderia chegar a grandes proporções e a desastrosas consequências. Jeferson sentiu-se deprimido e quase dominado pelas suspeitas. Mesmo machucado, refletiu, ponderou, pediu discernimento a Deus e buscou o ofensor. Sentaram-se, tiveram um diálogo aberto, honesto, e quando os caminhos se tornaram livres e as cadeias arrebentadas, um acolheu o outro em sua verdade transparente e, então, a luz resplandeceu! O poder do diálogo semeou a luz e a maledicência foi derrotada.

Falar, enfrentar situações, cara a cara, olho no olho, eis a solução para os conflitos de nossa vida. Solução madura, racional, sensata. Confronte-se...

Recado do apóstolo São Paulo: "Tudo posso naquele que me fortalece" (Fl 4,13).

Capítulo VI
TERAPIA DA FELICIDADE

Rir é o melhor remédio! Contudo, não significa que você nunca chore ou não possa ficar deprimido ou mal-humorado, excepcionalmente. Mas é necessária a devida cautela para não cair na tentação da tristeza contagiante. Se desejamos relacionamentos saudáveis, precisamos abrir mão de pensamentos e palavras devastadoras, que nos tornam pessoas negativas e oprimidas.

"No dia em que o homem se esquecer de rir, no dia em que o homem se esquecer de ser brincalhão, no dia em que o homem se esquecer de dançar, ele não será mais um homem; terá caído nas espécies subumanas. A brincadeira o torna leve; o amor lhe dá luz, o sorrir lhe dá asas. Dançando com alegria, ele pode tocar as estrelas mais distantes" (*Vida, amor e riso*. Editora Gente, São Paulo, 1989).

"Se eu não tivesse senso de humor, há muito tempo teria me suicidado" (Gandhi).

"Os melhores médicos do mundo: repouso, dieta, fé e alegria" (J. Swift).

"Alegria é uma forma de oração" (Vinícius de Morais).

A total ausência de humor torna a vida insuportável! (Colete).

"Estou sempre contente com o que me acontece, porque o que Deus quer é sempre melhor do que eu quero" (Epicteto).

"Não há prazer que se iguale à alegria do coração" (Eclo 30,22). A capacidade de humor ajuda o ser humano a se elevar acima das circunstâncias, mas isso depende também da capacidade amorosa de ver as coisas e de enfrentar as realidades do cotidiano de forma corajosa.

A ira é mão dura que golpeia e murmura egoisticamente, o humor é a mão terna que acaricia e bendiz, afirma a Dra. Sílvia Lemos, neurologista.

1. Arranje tempo para sorrir

O humor faz parte da afetividade, o humor dá certo destaque em nossa personalidade, alivia. Há certa fluidez. É ele que vai transformar um coração duro em um coração derretido.

O médico americano, cuja vida virou filme, Patch Adam's, diz que o humor e a esperança são excelentes auxiliares para o tratamento das doenças.

"Em nossa insolência, condenamos os outros de mau humor, esquecendo que muitas vezes somos nós que, com cara amarrada, hostilizamos as pessoas, exibindo nossas frustrações e aflições interiores."

"Matérias como 'rir é o melhor negócio' ensinam não só novas propostas administrativas, mas também como conviver com o estresse diário. Com isso, os profissionais podem alcançar produtividade e excelente relacionamento interno", diz Luiz César Basso Barbosa.

Quem tem o dom do humor ama a vida, apesar das imperfeições. O sorriso torna suportável o insuportável. O bom humor ajuda a vencer na vida. O amor gera bom humor.

Capítulo VI – Terapia da felicidade

Há três décadas que o médico Adam's transformou os quartos de hospital em verdadeiros picadeiros. Sua especialidade é animar os pacientes com brincadeiras, para reduzir o sofrimento deles. No Brasil, em vários Estados, existem equipes de pessoas que se dedicam a essa atividade. São os chamados "Os doutores da alegria do Brasil". Consulte a Internet: www.doutoresdaalegria.com.br.

Uma boa gargalhada exercita as cordas vocais, os músculos, os nervos, as glândulas, o diafragma, o pulmão, melhora o fluxo da oxigenação do sangue e é ainda o melhor remédio para a insônia.

O riso facilita a digestão, relaxa os músculos, dilata as artérias, torna a face corada e aumenta o brilho dos olhos.

Contar fatos interessantes, divertidos, ensinar brincadeiras, contar histórias engraçadas melhoram consideravelmente a saúde física e mental. Produz melhora nas pessoas enfermas e na vida das pessoas em geral. Ria com vontade, e também sem vontade, mas ria todos os dias, desde a hora em que acordar.

Se você acorda deprimido, faça um tratamento de choque em sua tristeza, saia da cama, vista-se bem e caminhe até cansar, aconselha um escritor. A caminhada estimula o cérebro e produz endorfina, um hormônio que alivia dores físicas e gera bem-estar. Revista-se da armadura de Deus para enfrentar os desafios de seu dia, pois Ele é o maior interessado na terapia de sua felicidade. Lance longe de você pensamentos de fracasso. Você é pedra viva, você é o filho amado do Rei da terra.

Se você se sente um constante fracassado, assim será. O poema que aqui segue esclarece bem:

Eu posso (*I can*)

Se você pensa que está vencido, você está.
Se você pensa que não pode ousar, não o faz.
Se você gostaria de vencer, mas pensa que não pode,
é quase certo que não vencerá.
Se você pensa que perderá, já perdeu.
Se você pensa que está superado, já está.
As vitórias da vida nem sempre são dos mais fortes ou dos mais rápidos,
mas daqueles que pensam que vão vencer.

2. Sondagens das áreas da vida

Vale a pena citar novamente Jean La France: "O homem vive na superfície de si mesmo ou se oferece ao mundo em espetáculo para evitar o confronto com sua condição real. Cedo ou tarde, sob o choque da provação, ele se perguntará: 'Quem sou eu? Qual o sentido de minha vida? Sou livre para dar um sentido a minha existência?' Quando o homem tenta responder com honestidade a essas perguntas, não pode evitar o chamado a uma transformação. Ele, primeiro, tem de reconhecer que seu 'eu' exterior e de todos os dias nem sempre é seu verdadeiro 'eu', o qual está coberto com roupagens protetoras para se resguardar dos ataques iminentes. *Para encontrar-se, é necessário mergulhar em uma consciência aguda e profunda, para redescobrir a pérola de sua identidade. Exige-se dele um esforço silencioso e permanente concentração,* a fim de penetrar em si mesmo e reencontrar o próprio ser".

Capítulo VI – Terapia da felicidade

Nossa vida gira em torno de muitas áreas; somos como um relógio, cujo ponteiro gira constantemente, pulando de um ambiente para outro; áreas interligadas, mas com características bem definidas, como família, escola, igreja, mercado, rua, hospital, quartel, banco, rádio, televisão, clube. Esta é uma forma ordenada e fácil de analisar nosso caráter; portanto, com esse esquema que apresentamos, certamente você se surpreenderá com tudo o que descobrir de si mesmo. É a oportunidade de realizar um planejamento de vida eficiente e efetivo, começando pela área que chamamos de fio da meada: A família.

Questione-se:

– Família:

Aceito minha família do jeito que ela é? Já renunciei a pensamentos tolos de que seria mais feliz se tivesse nascido em outra família? Estou disposto a perdoar, diariamente, pequenas ou grandes ofensas de meus familiares? Como vivi ou como vivo meu relacionamento com meus irmãos? Estou sempre competindo ou dominando? Sinto-me inferiorizado ou aceito por todos?

– Saúde:

Que aspecto de meu ser precisa de um cuidado especial? Físico, psíquico, emocional, espiritual? Tenho dormido as horas necessárias para manter meu corpo sadio? Enfrento médico, dentista, com naturalidade? Aceito bem medicamentos, injeções, cirurgias?

Tenho fobias em relação a doenças? Que penso da morte?

– Alimentação e vestuário:
Conheço a importância da alimentação? Sei o que meu organismo necessita para seu bom funcionamento? Tenho evitado alimentos que fazem mal à saúde? Opto por alimentos saudáveis, ricos em vitaminas? Alimento-me de verduras, legumes, frutas? Dietas? Tomo bastante água, como é necessário? Estou consciente da importância de nutrir as células de meu corpo com tudo o que precisam para seu pleno funcionamento? As roupas me causam alguma inquietação? Tenho alguma frustração nesta área? Minhas roupas estão sempre limpas e bem passadas? Visto-me com sobriedade?

– Afetividade:
Tenho facilidade de gostar das pessoas? Tenho ciúmes? Apego exagerado? Sei amar sem pedir retorno? Sou capaz de amar o inimigo? Faço o bem aos que me odeiam e me maltratam? Sei perdoar? Evito buscar bengalas em minha vida?
(cf. Mt 5,44).

– Lazer:
Tenho tido tempo de refazer meus cansaços? Quais minhas diversões preferidas ou passeios que me restauram o cansaço? Se não tenho tempo de descansar, que tipo de culpa se aloja em mim? Ouço música? Jogo futebol? Tênis? Danço? Sou uma pessoa alegre?

– Comunicação:
Tenho algum bloqueio de comunicação? Que tipo de pessoas me perturba? Que tipo de pessoas me causa medo ou

constrangimento? Como é minha comunicação? Falo com clareza? Sei fazer empatia com os outros? Sintonia? Sou bom ouvinte?

– Pedagogia:
Procuro ser uma pessoa bem informada? Continuo aprendendo, ou já parei de aprender? Participo de cursos, palestras, estudos, eventos, que me enriquecem e desenvolvem meus talentos, minhas habilidades? Leio os melhores livros?

– Produção:
Sinto-me competente em meu trabalho? Esforço-me para melhorar sempre? Minha produção é satisfatória? Sou uma pessoa criativa? Evito ser repetitivo? Avanço sempre ou me mantenho estático, parado? Busco soluções?

– Patrimônio:
Tenho controlado meu dinheiro? Sou responsável quanto a meus compromissos financeiros? Sou econômico? Sou capaz de um confronto honesto com meus credores? Gasto com exagero? Sou dependente do dinheiro? Sou seu escravo? Ou seu senhor?

– Religião:
Minha fé é comprometida? Tenho uma confiança em Deus absoluta? Minha oração é transformadora, tenho algum trauma nesta área? Descrença? Medo de Deus? Tenho o hábito da oração e adoração? Intercedo por meus familiares, amigos, inimigos, autoridades? Quem é Deus para mim?

– Jurídica:
Sou uma pessoa justa? Disciplinada? Normas, regras e leis me perturbam? Tenho o hábito de acusar, julgar, condenar os outros? Sinto-me injustiçado? Há justiça entre os membros de minha família?

– Política:
A política é a capacidade de exercer autoridade sobre um país e trabalhar pelo bem comum. Como tenho exercido autoridade sobre minha vida? Como tenho me administrado? Deixo que os outros façam isso por mim? Sou uma presença de harmonia? Sou uma pessoa organizada?

– Segurança:
Em que se fundamenta minha segurança pessoal? Tenho planos de saúde, seguros, que me amparam nos momentos difíceis? Penso em meus familiares, quando eu não mais existir?

– Precedência (valorização):
Procuro honrar meu nome? O que entendo por valor pessoal? Gosto de mim? Tenho respeito próprio?

Após uma avaliação honesta e franca de nossa realidade pessoal (global), podemos detectar quais as áreas mais tensionadas e que necessitam de um planejamento a curto, médio ou longo prazo.

3. Planejar é preciso

Pierre Shurmann diz que o planejamento estratégico e pessoal é a maneira mais eficaz de organizar as metas. Aonde quero chegar? Esse é o plano de partida para a realização de qualquer projeto, plano ou sonho.

Sugerimos, primeiramente, que se estabeleçam metas individuais, depois grupais e sociais.

As metas direcionam nossa vida. Dão-nos uma consciência maior de nós mesmos.

4. As palavras otimistas dizimam as adversidades

Quando você tem o hábito de falar com frequência palavras otimistas, cheias de entusiasmo, seu subconsciente começa a agir de acordo com o que você está falando e a fazer o que for necessário para que esses pensamentos se tornem realidade. É lamentável que a maioria das pessoas repita palavras negativas e destruidoras o tempo todo. Elas não percebem que as palavras dizimam a confiança e destroem a autoestima.

"Temos de ser cautelosos com as coisas que dizemos durante os períodos de adversidades e infortúnios", diz Joel Osteen, autor do livro "O momento é este". A maneira como você reage às adversidades da vida e o que diz, na presença de dificuldades, exercerá uma enorme influência no tempo em que você permanecer nessas situações. Via de regra, quanto mais otimistas seus pensamentos e palavras, mais forte você se sentirá e mais rápido superará a crise.

Com excessiva frequência, cometemos o grave erro de repetir frases negativas e reclamamos:

– Sabia que meu casamento não ia dar certo.

– Não acredito que consiga livrar-me de minhas dívidas.

– É quase certo que terei de aturar este problema de saúde pelo resto da vida.

Quando começa a falar dessa forma, você se torna seu maior inimigo nesta vida. Se existe um momento em que é necessário tomar cuidado com o que se diz, é nesse momento de adversidade. Quando se sente cansado, esmagado, estressado, quando tudo no mundo se voltou contra você, é quando precisa estar no nível de alerta máximo. A mente subconsciente apanha suas palavras, trata-as como declarações verdadeiras e se põe em campo para torná-las realidades. A Escritura diz: "A morte e a vida estão no poder da língua, esse é o fruto que comereis". Em outras palavras, você cria um ambiente para o bem ou para o mal com suas palavras e terá de viver exatamente neste mundo que você criou.

5. Viva o momento presente: o "agora"

Lenda do rico monarca

Conta a lenda que, há muitos anos, um poderoso e rico monarca, demandando agora os caminhos da sabedoria, propôs a seus súditos as três maiores interrogações de sua vida, prometendo enorme recompensa a quem viesse a respondê-las. Eram as seguintes:

1. Qual o *momento* mais importante na vida de um homem?

2. Qual a *pessoa* mais importante na vida de um homem?

3. Qual a *tarefa* mais importante a ser realizada?

Capítulo VI – Terapia da felicidade

Após meses de penosa busca e mil peripécias, nosso herói acabou por se achar no topo de longínqua montanha, conversando com as estrelas. As respostas de seus súditos não corresponderam a suas expectativas. Quando desceu da montanha, trouxe três grandes troféus.

1. O *momento* mais importante na vida de um homem é sempre o momento presente, "o agora" (a hora da verdade, sem mentiras, sem enganos, sem máscaras, sem simulações).

2. A *pessoa* mais importante é a que está a sua frente. Se você estiver sozinho, a pessoa mais importante é você. E é a hora e a oportunidade de investir em si mesmo.

3. Quanto à *tarefa*, a mais importante é fazer essa pessoa que está a sua frente muito, muito, muito feliz! (Paulo Jacobson)

"O melhor lugar do mundo é aqui e agora", diz Gilberto Gil. E não existe mesmo algo mais precioso que o momento do "agora", mas nos esquecemos disso. Por esse motivo, a ansiedade se planta no lugar sagrado do momento presente, do agora. Li em uma revista que somos como personagens de história em quadrinhos: preenchemos os balõezinhos que flutuam acima de nossas cabeças com preocupações, aflições, pensamentos derrotistas, enquanto o mundo em nossa volta some; olhamos e não vemos, ouvimos e não escutamos. Não conseguimos enxergar e nem sentir nossa própria casa que é nosso corpo. A verdade é que quase nunca estamos em casa, ficamos sempre ausentes deste lar. Estamos embrulhados em nossos problemas, com nostalgia do passado e temores do futuro.

Diz o adágio popular: "Todo o *bem* que eu puder fazer, toda a ternura que eu puder dar a qualquer ser humano, que eu o faça *agora*, que eu não adie ou esqueça, pois não passarei duas vezes, pelo mesmo caminho..." Tudo fica mais colorido, mais vibrante, mais harmonioso, quando tomamos consciência do momento cheio de plenitude que é esse "agora" irrepetível, claro, belo, que nos faz compreender que estamos realmente vivos! Porque tudo o que fiz, falei, pensei, omiti, não mais existe. Tudo o que vou fazer, pensar, falar, omitir, ainda não aconteceu. Somente resta uma parcela de vida: "o agora".

Você está sofrendo? Constatou que alguma coisa precisa mudar em sua vida? Alguém o feriu, deixou marcas e dor em seu coração? O momento é "agora".

Suponhamos que você está com a cabeça fervendo, cheio de raiva, de tristeza, com dificuldade de perdoar e, muito mais ainda, de amar. Sugerimos uma atividade simples, mas poderosa, que lhe vai garantir uma descarga efetiva de tensões.

Apanhe uma ou mais folhas de papel. Comece agora a escrever uma carta para a pessoa que ocasionou sua aflição. Desabafe toda a raiva, o ódio, o desprezo, que está sentindo, sem censura. Nunca podemos nos enganar e fingir que tudo está bem, quando não está, quando há uma brasa queimando por dentro. Apague a *primeira brasa: A raiva*.

Depois que você expressou toda a raiva, passe para a *segunda brasa: A tristeza*. Escreva tudo o que esse acontecimento resultou em tristeza para você e por quê?

Terceira brasa: A culpa. Agora que você desabafou toda a raiva e a tristeza, seus sentimentos começaram a ser suavizados e poderá enxergar, com mais clareza, a verdade de toda a situação. Perceberá sua parte de culpa e poderá pedir perdão.

Quarta brasa: A necessidade de amor. Depois que pedir perdão, estará apto para amar da forma como Deus pede e da forma como seu equilíbrio emocional exige.

Exemplo:

Pai, quero que você saiba que eu o odeio! Nunca mais me procure! Você não faz mais parte de minha vida. Você é um fracasso. Eu o rejeito. Tenho raiva de você. Você destruiu minha vida, meus sonhos, atrapalhou meus projetos, foi egoísta, cruel, mesquinho... Não ouse me telefonar, pois não atenderei. Você morreu para mim. Eu o detesto.

Tristeza: Sinto tanta tristeza quando me lembro de minha infância, sem amor, sem carinho... Fico triste quando penso que não tenho um pai perto de mim... Choro quando me lembro que somente uma vez na vida você me abraçou e me beijou. Era dia de meu aniversário. Foi tão bonito! Como me senti feliz!

Culpa: Sei, pai, que também fui rebelde muitas vezes, desobediente e malcriada. Sinto culpa por isso. Perdão, pai!

Amor: Pai, eu o amo... Preciso tanto de seu amor... (Nataly)

Observação: Sempre que adotei essa atividade em sala de aula, o resultado foi fantástico: muitas lágrimas, muito choro e muitas feridas suavizadas e curadas.

A carta não deve ser enviada com desabafos, cheia de agressividade, mas, se desejar, entregue a parte final, que se resume em perdão e amor.

6. Teste: O valor dos relacionamentos

Falamos em pessoas difíceis, mas há o outro lado da moeda: os relacionamentos que engrandeceram nossa vida, pessoas que deixaram registradas suas marcas de bondade em nosso coração.

Este teste nos relembra esses presentes do céu. Vejamos:

– Diga o nome das cinco pessoas mais ricas do mundo.

– Escreva o nome dos cinco últimos ganhadores do prêmio Nobel, aquele que é entregue a personalidades que se destacaram na ciência, na economia, nos assuntos da paz.

– Agora diga o nome das cinco últimas Miss Universo. Lembra?

– Diga agora o nome dos cinco ganhadores de medalha de ouro nas Olimpíadas.

– E para terminar, os últimos doze ganhadores do Oscar.

Como foi? Lembrou de algum? Difícil, não? Olha que são pessoas famosas. Mas a verdade é que o aplauso morre, os prêmios envelhecem, grandes e opulentos acontecimentos são esquecidos...

Agora tente um outro teste:

– Escreva o nome dos três professores que mais marcaram sua vida.

– Lembre-se de cinco pessoas que o ajudaram em momentos difíceis ou que foram gentis com você.

– Pense em cinco pessoas que lhe ensinaram alguma coisa valiosa.

– Escreva o nome de cinco pessoas que você sente prazer de estar ao lado delas.

— Diga o nome da pessoa que o ouviu com amor e sofreu com você no momento de sua dor.

Mais fácil esse teste? Por quê?

As pessoas que fazem diferença em nossa vida não são as que têm mais credenciais, mais dinheiro, mais prêmios, mais títulos, ou que foram honradas com medalhas de ouro, mas são as pessoas que verdadeiramente se importam com você!

Um poema para que você jamais esqueça o verdadeiro amigo.

Gratidão de amigo

Pela amizade que você me vota.
Por meus defeitos que você nem nota.
Por meus valores que você aumenta.
Por minha fé que você alimenta.

Por esta paz que nos transmitimos.
Por este pão de amor que repartimos.
Pelo silêncio que diz quase tudo.
Por este olhar que me reprova mudo.

Pela pureza de seus sentimentos.
Por sua presença em todos os meus momentos.
Por ser presença, mesmo quando ausente.
Por ser feliz quando me vê contente.

Por este olhar que diz:
"Amigo, vá em frente!"
Por ficar triste quando estou tristonho.
Por rir comigo quando estou risonho.

Por repreender-me quando estou errado.
Ou por meu segredo sempre bem guardado.
Por me apontar para Deus a todo instante.
Por este amor fraterno tão constante.

Por tudo isso e muito mais, meu querido amigo,
"Deus o abençoe!"

(Autor desconhecido)

> Se o problema tem solução, não esquente a cabeça, porque tem solução. Se o problema não tem solução, não esquente a cabeça, porque não tem solução.
>
> Provérbio chinês

7. Quando pensamos que nada e ninguém têm mais jeito

Quando já nos decepcionamos tanto, sentimos a tentação de pensar que nada e ninguém têm mais jeito. E por isso não somos capazes de olhar, com misericórdia, um homem pobre e malcheiroso. Não valorizamos uma pessoa deficiente e, por isso, esquecemos o quanto ela nos pode oferecer. Evitamos ficar ao lado de uma mulher que chamamos de leviana, porque nos consideramos puros de corpo e de espírito, os perfeitos. Irritamo-nos com os ignorantes, porque nos sentimos os sabichões da vida. Não suportamos os mais velhos, porque os achamos surdos e porque andam devagar. Quando encontramos um homossexual e soltamos uma piadinha irônica, sem pensar no drama existencial dessa pessoa. Quando exigimos justiça a qualquer preço e cometemos injustiça a toda hora. Quando nós já nos decepcionamos tanto com os outros e não vemos nenhuma possibilidade de mudança, Jesus nos desconcerta e nos diz: "Vem comigo que lhe vou mostrar um novo jeito diferente de ser gente, sem arrogância". "Sou humano demais para compreender", diz Fábio de Melo, "esse jeito de Jesus ver as coisas. Sou humano demais para entender por que Jesus prefere os pobres, os decaídos, os oprimidos, os tristes". E Fábio de Melo diz: "Mesmo que você não entenda o jeito de ser dele, seja apaixonado por Ele. Porque isso já é garantia de salvação. Tenha a coragem de dizer todos os dias: 'Senhor, admiro seu coração, mas ainda não sei amar do jeito que você ama. Ainda continuo preferindo os que são corretos, os que não cometem erros; ainda continuo preferindo os que são santos, aqueles que de certa forma têm alguma utilidade para mim. Não sei amar os inúteis, os fracos, os incompetentes; não sei amar os que não correspondem a minhas necessidades; não sei amar aqueles que não merecem, mas sei que o Senhor sabe. Não sei entender o coração de Jesus, só sei amá-lo, e ficar surpreso a cada dia, preferindo gente que eu não prefiro, enquanto ele segura pela mão e olha com misericórdia'".

"Amar o inimigo, fazer o bem aos que nos maltratam, oferecer a outra face..." O que Jesus nos pede é pavoroso! Mas ao mesmo tempo fascinante e desafiante.

Fábio nos conta uma história desconcertante de um prisioneiro perigoso, que já havia cumprido toda a sua pena, em uma cidade pequena da Espanha, e que precisava ser liberado, libertado. Era um prisioneiro perigosíssimo, conhecidíssimo pelos crimes que havia cometido. Ele era tão perigoso que, quando cumpriu toda a sua pena, a sociedade decidiu: "Da cadeia ele não sai! Não vai viver entre nós. Nós não queremos!" O bispo da cidade, cheio de compaixão, exclamou: "Imagina, ele pode sair, sim, eu assumo a responsabilidade". Todo o mundo se revoltou contra o bispo. "Isso é um absurdo", diziam, "esse homem é um ladrão, é um bandido. Vai expor nossa vida!" E o bispo falou: "Não! Este é um homem que precisa de uma nova oportunidade". Depois de muita insistência, a polícia concordou. Levou o homem e disse: "Agora o problema é seu". O bispo disse ao prisioneiro: "Meu filho, que bom tê-lo aqui, esta casa agora é sua, esse quarto é seu". E aquele homem, que nunca havia tido um quarto, acostumado a uma cela, agora que estava em uma casa decorada, com quadros famosos, prataria esparramada por todos os cômodos, ali se deita e se sente o homem mais feliz do mundo e dorme. Quando chega a madrugada, acorda. E, naquele instante, desperta dentro dele aquele velho prisioneiro. Não pensou, então, duas vezes: enquanto o bispo dormia, pegou todas as malas e as foi enchendo com tudo o que ele pôde e saiu. Mas, por sorte, a polícia o apanhou quando estava saindo da cidade. Felicíssimos, disseram: "Está vendo, seu bispo, esse homem não tem a menor chance, não há a menor possibilidade de se tornar um cidadão, um homem respeitável. Nós não dissemos para o senhor?"

Eis a grande surpresa do bandido: O bispo lhe deu uma piscadinha e disse: "O que é isso, seu delegado, ontem à noite, ainda antes de dormir, ele me falou que desejava refazer sua vida. E eu lhe disse: 'Meu filho, por que então você não vai? Aqui tem muita coisa de valor que o ajudará a começar uma nova vida. Que coisa engraçada! E a prataria lá da sala que eu lhe dei, você não quis levar?' Naquele instante, o bispo olhou para o homem e deu outra piscadinha. O prisioneiro arregalou os olhos, envergonhado e emocionado. Naquele momento, o bispo representou para aquele bandido o que Deus representa para toda a humanidade.

Se Deus ainda acredita em você, quem sou eu para duvidar? Se Deus ainda espera em você, quem sou eu para não esperar? Se Deus confia que você tem jeito, quem sou eu para desconfiar? Mas quem sou eu para o condenar? Se Ele ainda enxerga alguma vida em seus olhos, quem sou eu para duvidar? Quem sou eu para desprezar a vida que Deus enxerga em você?

O bandido não se converteu no momento em que foi acolhido, amado, quando tinha razões para ser. A conversão aconteceu quando ele não tinha mais nenhuma razão para ser amado, compreendido, acreditado. Isso é desconcertante para você? É desconcertante para mim também.

Que o compromisso que eu assuma hoje, agora, seja olhar o outro com um pouquinho mais de humanidade, olhar para as pessoas que imagino que são difíceis, que não têm jeito, com um pouquinho mais de misericórdia.

E misericórdia é isso: É meu coração ter espaço para que o outro caiba dentro dele, por mais que ele erre, por mais que ele peque, por mais que ele caia. Humanizar o outro é descobrir que, na fraqueza, existe um jeito de se tornar forte.

Conta-nos Fábio de Melo, desabafando com Jesus: "Sou humano demais para compreender, sou humano demais para entender, esse jeito que escolheste de amar quem não merece".

> Senhor, empresta-me seu coração! Empresta-me seu coração para eu perdoar, quando não souber perdoar. Empresta-me seu coração para eu amar, quando não souber amar. Empresta-me sua misericórdia para eu ser misericordioso. E me empresta sua fé na vida, nas pessoas, em mim mesmo, quando eu não souber acreditar em mim e nem nos outros...

Peço licença ainda a Fábio de Melo para finalizar acrescentando a frase de Mário Quintana: "Acreditar em Deus não é difícil, o difícil é acreditar que Deus ainda acredita em mim... apesar de eu achar que não tenho mais jeito, apesar de eu achar que sou uma pessoa difícil..."

A maior parte deste texto foi extraída da palestra "Sou humano demais", proferida pelo padre Fábio de Melo, no dia 30 de junho de 2005, na comunidade "Canção Nova", em São Paulo.

ANEXOS

Anexo I
A COMEÇAR POR MIM...

Apreciação do tema pela Dra. Sonia S. dos Santos, psicóloga, psicanalista, palestrante e escritora do livro: *Os 7 pecados revisitados*. Aparecida-SP, Editora Ideias & Letras, 2004. (www.psicologiaefe.com.br)

O difícil é conscientizar-se de que toda mudança precisa começar de dentro para fora.

Será que eu sei que tudo precisa começar por mim? Vivemos de maneira muito reativa. Agimos em resposta a alguma coisa, rebatemos as ações dos outros, ao invés de agirmos de acordo com um sentido maior para as coisas da vida. Por isso, nem pensamos na possibilidade de "dar a outra face".

Ao invés de dar o troco, tentar ouvir

Embora a maioria das pessoas se abata com críticas e normalmente responda a elas de forma descontente ou até mesmo agressiva, o bom seria que nos abríssemos a ouvir o que os outros têm a nos dizer.

Sempre preferimos olhar o cisco no olho do outro

O ser humano é dotado dos chamados mecanismos de defesa. Automática e inconscientemente nos protegemos de sentir dor. Negamos o problema, projetando-o na outra pessoa; isolamo-nos de tudo e de todos para não entrarmos em contato com a verdadeira natureza da questão.

Reação em cadeia. Pare!

Hoje, com o nível de violência e estresse, parece luxo parar para rever certas coisas. É uma competição tão grande, tanta indiferença, que ninguém quer "sair perdendo", "dar o braço a torcer". O problema é que, cheios de expectativas, ficamos esperando que o outro mude, que a situação nos favoreça etc.

Não, o momento é agora e o motivo é: acreditar em um sentido maior para a vida.

O caminho é solitário

Este sentido maior passará necessariamente por nossa fé. E será um caminho que, em alguns momentos, só fará sentido para cada um. Poderemos até nos sentir na contramão do mundo, mas estaremos apoiados em nossa fé. Apoiados na fé e não em idealizações. Às vezes, na ânsia de melhorar, assim como na de melhorar as coisas a nosso redor, passamos da medida e incorremos no perfeccionismo.

Este trabalho não pode visar remuneração

O mundo não nos pode recompensar estas nossas "boas ações" no nível de nosso esforço.

Estaremos trilhando este caminho, mas sem a dependência do "tapinha nas costas", ou estaremos presos demais para avançar na caminhada rumo ao Pai. "Deus nos quer livres" e não dependentes de agradar aos outros: "Não é possível servir a dois senhores".

Perfeccionismo x Rejeição

Não raro nos damos conta da existência de rejeição em nossa história de vida. Ela pode ter acontecido de fato, ou pode ter sido tomada como tal, quer por um tom de voz áspero, quer até mesmo por uma maneira mais rígida das atitudes de quem cuidou de nós ainda bebês, e que naquela altura não raciocinávamos, apenas sentíamos... e como!

Quem foi rejeitado, rejeita!

A pessoa que passou pela rejeição geralmente aprende a se rejeitar. É como se ela entendesse a rejeição da seguinte maneira: "Eu não estou agradando (isto desde bebê), logo, há algo de errado comigo. Se continuar sendo apenas o que sou, não serei amado. Portanto, vou tentar ser quem eles querem que eu seja, para ter o amor deles e me sentir seguro". Sentindo-se rejeitada, a pessoa nega a si mesma e busca não sentir de novo essa enorme dor ou fracasso. Então, desde os primeiros momentos de vida, o ser humano irá experimentar a insegurança.

Perfeccionismo: Aprimoramento ou medo de sofrer?

Como a pessoa que sentiu a rejeição carrega esta ferida aberta, muitas vezes ela, sem perceber, deseja melhorar e melhorar, mas, na verdade, o que ela tem em mente é fazer de tudo para que ninguém tenha motivos para criticá-la, ela quer ser perfeita. E cada vez que não consegue, ou que alguma coisa inesperada acontece, ela pode vir a se tornar muito perturbada, angustiada ou até mesmo irada, tornando-se alguém de convívio bastante difícil, já que é uma pessoa em constante estado de alerta: não quer deixar "nenhum furo". Ao pedido de Paulo para lhe retirar o espinho da carne, o Senhor lhe respondeu: "Que a ele lhe bastasse sua graça" (cf. 2Cor 12,7-9).

Aprender a rejeitar ou a amar?

Quando passamos pela rejeição, até como tática de sobrevivência, acabamos por nos assemelharmos a quem agiu assim conosco. Também nos tornamos autocríticos implacáveis e críticos austeros dos outros. "Se a vida não me der moleza, também não vou dá-la aos outros." Mas o que se pode aprender de positivo em uma situação, às vezes, tão devastadora? A não passar isso adiante. "Se eu sei como isso dói, não vou querer fazer doer em meu irmão."

Este é um grande passo!

Entretanto, já estará implantado em nós este modo rejeitador, quase que nos fazendo agir automaticamente. Por isso, precisaremos "vigiar e orar, para não cairmos em tentação".

Por tudo isso, podemos dizer que quem foi rejeitado, sempre saberá rejeitar; ou podemos dizer que quem sabe o que é a rejeição, terá um cuidado muito grande para não deixar repetir isso, ainda que "sem querer". Este "sem querer" foi entre aspas porque, até as feridas se cicatrizarem, haverá a tendência de a pessoa "dar o troco". E, não tendo suficientemente paz e tranqui-

Anexo I

lidade, ela tenderá a se abalar e a reagir impetuosamente ao que lhe remeta a suas antigas sensações de ter sido rejeitada.

O amor é sempre graça. E nós, como responderemos a ele?

Embora possamos ter vivido situações de desamor, tornando-nos possivelmente pessoas de difícil relacionamento, sempre chega o dia em que Deus coloca seu imenso amor em nossas vidas, por meio de uma pessoa ou de uma situação.

Mas em que solo ela cairá?

Às vezes nos sentimos tão familiarizados com esses sentimentos sofridos que nos tornamos os "coitadinhos de mim". Nós nos acostumamos tanto a sentir autopiedade que, quando podemos pedir a Deus a cura, ou reconhecê-la diante de nós, titubeamos.

"O que tu queres de mim?"

Jesus nos faz esta pergunta a cada instante, e precisaremos responder com atitudes que confirmem nossa intenção, nossa fé. Ele sabe o que lhe foi pedido, mas nós talvez não estejamos preparados para largar nossas "bengalas" ou "cegueiras".

Há sempre um caminho e este se construirá passo a passo, na entrega; no desamor que ensinará o amor; em seu contraste; no sofrimento que causou e que não se desejará mais; e no perdão que terá de começar por si próprio e se estender aos outros, pois "eles não sabem o que fazem".

Ninguém se salva sozinho

"Que seja um, é o que eu quero mais", diz o Senhor.

Se eu melhorar, o mundo passará a ser melhor, porque terei me tornado uma pessoa de mais fácil convívio; primeiramente porque se eu me sentir melhor, provavelmente verei tudo de forma mais positiva e amena.

Entretanto, é bom não esquecer que quem acredita em Cristo acredita no que ele pregou: o amor recíproco. Sem o "amai-vos uns aos outros", incluindo os "inimigos", nada terá melhorado de fato. Com as pessoas difíceis que encontramos em nossas vidas, podemos aprender o que nenhuma outra experiência nos traria: sermos treinados a amar sempre mais. A amarmos não somente quem "merece" ser amado, mas amarmos pelo amor, porque foi por isso e para isso que nascemos, sem o que jamais haverá paz e felicidade.

"Lavai os pés uns dos outros"

É claro que temos de dar um passo de cada vez, mas não vamos nos iludir achando que podemos guardar velhos ressentimentos em corações que pretendem ser novos.

"Perdoar é muito amar"

Como "buscar o reino de Deus", como subir a montanha com tantas pedras na mochila? Sem o perdão não há compreensão, não há alívio. Não há cura.

Perdoar vem do mais íntimo desejo de experimentar o amor de Deus: amar sem precisar ser amado da mesma forma; experienciar a gratuidade do amor que não se alimenta do outro, mas do poço que tem água viva, que sacia nossa sede para sempre, que nos completa e nos faz ter vontade de transbordar esse amor que vivenciamos, o único que não nos causa dependência doentia, mas nos faz redimensionar todos os nossos valores antigos a partir desse novo referencial.

O caminho da santidade é agora

Não haverá nada de arrebatador que mudará nossas vidas, como supõe nossa vã imaginação. Seremos transformados e purificados à medida que aceitarmos viver cada pequena coisa que nos for dado viver, cada momento, quer seja uma festa de aniversário, quer seja um enorme engarrafamento, ou uma morte. Nada é somente bom ou ruim como normalmente achamos. Tudo deveria ser bem recebido por nós, com a consciência de que são as pedras fundamentais de nossa caminhada na fé e no amor.

O chato e o difícil podem ser nossos maiores colaboradores

Conseguiremos sozinhos, e muitas vezes nos sentiremos aquém do resultado desejado, mas esta será nossa avaliação pessoal, não a de Deus, que tem seu próprio plano de amor para todos nós.

Toda esta caminhada será uma experiência única e intransferível, que precisará muito do discernimento de Deus, para conseguirmos entender cada passo seguinte e não nos desviarmos do rumo por causa de nossos desejos e carências desenfreados. Que Deus nos ilumine e nos continue abençoando com seu amor misericordioso e infinito.

Anexo 2
COMO MELHORAR A QUALIDADE DOS RELACIONAMENTOS

Apreciação do tema pela Dra. Elinês Costa.

Não é fácil desenvolver bons relacionamentos. Isso exige esforços, sacrifícios de nossa parte e comprometimento com nossas escolhas. É muito comum ficarmos inclinados a impor nossa verdade ao outro, com a intenção de satisfazer nossas necessidades, sem, contudo, nos importar como cada um deseja ser amado.

Freud, ao se referir ao desejo dos homens, anunciou a questão: "O que eles pedem da vida e o que desejam nela realizar? A resposta mal pode provocar dúvidas. Esforçaram-se para obter felicidade; querem ser felizes e assim permanecer".

Entretanto, nas relações humanas, as diferenças individuais frequentemente são motivos de hostilidade e de intolerância. As experiências vividas na infância, os comportamentos, os valores assimilados e os resultados experimentados constituem a essência de uma pessoa.

Cada um tem sua história, seus medos, suas inseguranças e dificuldades a serem vencidas. Comumente projetamos no outro o que desejamos que ele seja, consoante a nossas aspirações e fantasias. Cria-se uma relação difícil de se sustentar. Com o tempo, o vínculo se desgasta e a máscara cai. Para a psicanálise, somos sujeitos do inconsciente e do desejo e, por isso, há muitas coisas sobre nós que desconhecemos. É impossível saber tudo sobre si; contudo, saber de si é necessário para se processar uma jornada interior e uma reflexão capaz de libertar.

Há uma tendência comum de sustentar relacionamentos com pessoas difíceis como forma de evitar o risco de ser abandonado. Investir nos relacionamentos é um risco, uma arte e uma conquista inigualável. Contudo, só investe quem está disposto a arriscar! Só investe quem está disposto a superar as dificuldades e a celebrar a vida!

Não devemos encarar com lágrimas os relacionamentos difíceis e lamentar: "Oh, não aguento mais essa situação! Por que isto está acontecendo comigo?" Antes, devemos encarar a realidade das relações difíceis, pensar no quanto elas são dolorosas, insuportáveis, e investigar como podemos intervir para evitar maior desgaste e sofrimento.

Devemos dispor-nos a superar as situações de dominação, de dependência, e aprender a construir relacionamentos baseados no respeito e no desejo de estar junto, seja entre casais, pais, familiares, amigos e demais pessoas, pela simples beleza do encontro, visando um convívio pautado na compreensão genuína e no comprometimento mútuo. Para isso, é preciso coragem para expor os pensamentos e os sentimentos, pois a única coisa que podemos fazer é saber sobre nosso desejo e sobre a forma como escolhemos viver.

Saber "como" lidar com o outro, "como" os relacionamentos se deterioram gradativamente, até chegarem à indiferença, ao egoísmo e à intolerância, pode ajudar-nos a encontrar respostas

_____ Anexo 2

para a pergunta: "Por que alguns se submetem, a qualquer preço, aos relacionamentos difíceis?" Muitas vezes, por não quererem livrar-se dessas relações, acostumam-se com os maus-tratos, por um simples medo de ser rejeitado. Contentam-se com as "migalhas de amor" que os acompanham e se submetem ao desejo do outro. Preferem ceder, fazer as coisas em nome do bem das pessoas, abrindo mão da própria felicidade. Apesar da dor e do sofrimento que muitos relacionamentos causam, ainda que incompreendidas e mal-amadas, essas pessoas continuam sem querer saber sobre o significado dessa relação, numa tentativa de negar as consequências catastróficas internamente.

Ao sustentar relacionamentos doentios, é como se precisassem de um véu de proteção para encobrir os medos e tamponar o desconhecimento das próprias razões de agir assim. Por trás dos relacionamentos difíceis, há sempre uma oportunidade de pensar sobre novas maneiras de se relacionar: sem culpa, sem dependência, sem medo de ser traído e abandonado. Uma verdade difícil de ser encarada. Verdade que evitamos a qualquer custo, ainda que tenhamos de pagar caro, mas cuja aproximação traz alívio, sossego para a alma e a real possibilidade de repensar como construímos as relações humanas.

Segundo Freud, "somos feitos de modo a só podermos derivar prazer intenso de um contraste, e muito pouco de um determinado estado de coisas. Assim, nossas possibilidades de felicidade sempre são restringidas por nossa própria constituição. Já a infelicidade é muito menos difícil de experimentar. O sofrimento nos ameaça a partir de três direções: de nosso próprio corpo, condenado à decadência e à dissolução, e que nem mesmo pode dispensar o sofrimento e a ansiedade como sinais de advertência; do mundo externo, que pode voltar-se contra nós com forças de destruição esmagadoras e impiedosas; e, finalmente, de nossos relacionamentos com os outros homens. O sofrimento que provém dessa última fonte talvez nos seja mais penoso do que qualquer outro".

O ser humano tem a necessidade de ser amado. Vivemos demandando o amor e a mudança do outro. Ao invés disso, devemos abandonar a fantasia de mudar as pessoas, de compreender a maneira de ser de cada um e amar incondicionalmente.

Perguntas sábias estimulam nosso crescimento pessoal. Por exemplo: O que preciso mudar em mim para superar minhas dificuldades de relacionamento? O que é necessário fazer: procurar ajuda especializada? Assumir a responsabilidade pela própria vida? Colocar limite nos relacionamentos para que não sofra além? Essas são apenas algumas questões que nos auxiliam a refletir sobre a arte de se relacionar bem.

A partir disso, como melhorar a qualidade dos relacionamentos? Algumas dicas lançarão luz:

– Ouvir

Habitue-se a prestar atenção nas motivações, nas ideias, nos anseios das pessoas que lhe são próximas. Ao ouvir o que o outro tem a dizer, você estará considerando a forma de cada um se relacionar, seu estilo de vida, o que possibilitará um conhecimento maior das necessidades e dos desejos de cada um. De acordo com os ensinamentos da Torá, "a palavra 'escutar' deriva da palavra 'equilíbrio', e não há equilíbrio entre o homem e seu próximo sem que haja a possibilidade de se escutarem as palavras do outro". Sabemos também que o equilíbrio de nossos corpos depende essencialmente do labirinto, que se situa no ouvido interno. Por esse motivo, temos uma boca e dois ouvidos em nossa cabeça. Aquele que deseja ser equilibrado, por favor, que fale apenas metade do que escuta. Este é o segredo do ouvido, que nos dá equilíbrio, criando proximidade, compreensão e harmonia entre as pessoas e esperança de aproximação entre posturas antagônicas na sociedade. Ao ouvir as pessoas, você demonstrará consideração e a consequência é óbvia: elas se sentirão bem em estar ao lado de pessoas atenciosas e generosas como você.

– Manter o foco nas afinidades

Valorize as virtudes e demonstre sua afeição pelas pessoas. Isso o levará a um verdadeiro avanço nos relacionamentos. Faça elogios sinceros, reforce os valores em comum e reconheça a importância de focar tudo o que é bom, nobre e proveitoso na convivência com o outro. Converse mais, conte histórias, divirta-se, estabeleça metas e saboreie os momentos prazerosamente.

– Respeitar as diferenças

Entenda que cada um é singular. Se todos soubessem o valor de compreender o outro, independentemente das diferenças existentes, atingiríamos um convívio mais harmonioso, assegurando a paz na sociedade. Ou seja, todos desfrutaríamos de bons relacionamentos, apesar das diferenças, dos impasses e dos conflitos nas relações interpessoais. Por isso, respeite as pequenas coisas que são importantes para o outro. Agindo assim, descobrirá a beleza de contribuir para um mundo melhor, fazendo o bem a todos, ainda que existam opiniões divergentes. Habituando-se ao exercício de respeitar as diferenças individuais, a humanidade estará agindo em prol de seu próprio enriquecimento. Esforce-se e perceberá que lidar com o diferente, onde há respeito, não é tão difícil assim...

– Evitar discussões

Se a solidariedade e o amor ao próximo fossem cultivados pelo homem, as discussões seriam evitadas. Segundo os princípios da Torá, "conciliação não significa abrir mão de princípios ou crenças fundamentais. Ao contrário, o compromisso é o único instrumento de que dispomos para extrair das circunstâncias o máximo, de modo amigável, a partir de uma visão correta da realidade".

Dessa forma, todos se sentirão bem e terão maior abertura para expor pensamentos e sentimentos.

– Promover a paz

Seja uma pessoa pacificadora. Ainda que você esteja vivenciando momentos de sofrimento, ao manter relacionamentos com pessoas difíceis, se ainda houver respeito, admiração e afeto, apesar dos impasses, acredite que a relação pode ser trabalhada, a fim de se promover a paz. Isso trará deleite para sua alma e você caminhará seguro, manterá sua estima e terá mais alegria de viver.

– Considerar ainda o que se segue

Quando se aproximar de pessoas difíceis, busque compreendê-las genuinamente e doe-se sem esperar receber nada em troca. Não espere do outro aquilo que ele não pode dar. Nada melhor do que cada um conscientizar-se de que as relações são construídas e de que nós escolhemos como viver nossa vida e com quem compartilhar nossos sonhos, conquistas e angústias inerentes à existência humana. Saber o que se quer e como se pretende relacionar com os outros é essencial para o desfrute de uma vida melhor. Aliás, devemos conduzir os relacionamentos de tal forma a respeitar nosso desejo e o desejo do outro.

É no respeito e na confiança que podemos nos interessar em saber um pouco mais do outro, do que ele pensa, do que ele sente e de como pretende construir seus relacionamentos. O que nos faz felizes são as relações alegres, pautadas na admiração e no companheirismo. Devemos prontificar-nos a desenvolver o humor nas relações e a cultivar a alegria de viver.

Para Roberto Shinyashiki, "o prazer de viver nasce da maneira como você curte os pequenos acontecimentos. É estar atento a detalhes que trazem a felicidade. É saber saborear o sorriso do filho, da mulher, do marido, é a brincadeira com o cachorro, é contemplar o pôr do sol. Nesses momentos, as prioridades passam a ser os desejos que nascem do coração".

Por isso é bem mais fácil apostar na construção da felicidade e no respeito pela verdade de cada um. Assim, torna-se possível trabalhar os relacionamentos de modo que os homens não sofram tanto, possibilitando a cada um descobrir sua maneira de viver e de ser feliz.

A começar por mim...

Senhor, fazei-me instrumento de vossa paz.
Onde houver ódio, que eu leve o amor.
Onde houver ofensa, que eu leve o perdão...

Bibliografia

BEATTIE, Melody. *Codependência nunca mais*. Rio de Janeiro, Ed. Record, 1997.

FOSTER, George. *O poder restaurador do perdão*. Minas Gerais, Venda Nova, Ed. Betania, 1993.

GLASS, Lílian. *Como lidar com pessoas difíceis*. São Paulo, Ed. Seller, 1995.

LAFRANCE, Jean. *Preferir Deus*. Tradução de Mariana Nunes Ribeiro. São Paulo, Paulinas, 2000.

LARRAÑAGA, Inácio. *Mostra-me teu rosto*. São Paulo, Ed. Paulinas, 1989.

PACOT, Simone. *A evangelização das profundezas*. Aparecida, Ed. Santuário, 2001.

PETER, Ricardo. *Livra-nos da perfeição*. São Paulo, Editora Paulus, 1999.

POWELL, John. *Porque tenho medo de amar*. Belo Horizonte, Editora Crescer.

ROPKE, Pryscila. *Como lidar com pessoas difíceis*. São Paulo, Ed. Suma, S. Econômica.

SANAGIOTTO, Alir. *Quanto pior for a pessoa com quem você vive, melhor para você*. Editora Sanabria.

Este livro foi composto com as famílias tipográficas Avenir e Adobe Garamond
e impresso em papel Offset 75g/m² pela Gráfica Santuário.